coupures irlandaises

Un récit de **Kris**
Dessin et couleur de **Vincent Bailly**

FUTUROPOLIS

« Aux enfants de Belfast, à ceux de Gaza et de Jérusalem, de Soweto
et de Bogotá, d'ici et d'ailleurs. Qu'une fois devenus adultes,
ils oublient la bêtise, la peur et la haine et se souviennent du reste. »

« *Take care of all my children*
Don't let them wander and roam
Take care of all my children
For I don't know when I'm coming back home »

Tom Waits, *Take care of all my children* in *Orphans*, © Epitaph 2006.

« À mes pères d'Histoire(s), Thierry Cottour, Yvon Tranvouez,
Fanch Roudaut et Jean Kerhervé.

À Solenn, enfin, pour l'anglais, pour les gamins, pour le reste
et le quotidien..."

Kris

Des mêmes auteurs

Kris

Aux Éditions Futuropolis
Un homme est mort
en collaboration avec Étienne Davodeau

Les Ensembles contraires
en collaboration avec Éric T. et Nicoby

Le Monde de Lucie
2 tomes parus
dessin de Martinez

Aux Éditions Delcourt
Toussaint 66
dessin de Lamanda

Le Déserteur
2 tomes parus
dessin de Obion

Vincent Bailly

Aux Éditions Les Humanoïdes Associés
Angus Powderhill
2 tomes parus
récit de Luc Brunschwig

Aux Éditions Delcourt
Cœur de sang
3 tomes parus
récit de Seiter et Mercier

www.futuropolis.fr

© Futuropolis 2008
Droits de traduction, de reproduction et d'adaptation réservés pour tous pays.

Conception et réalisation graphique : Didier Gonord pour Futuropolis.

Cet ouvrage a été imprimé en avril 2008, sur du papier Périgord de 135 g.
Photogravure : Color'Way.
Imprimé chez Lesaffre à Tournai, Belgique.

Dépôt légal : mai 2008
ISBN : 978-27548-0029-7

717040

LES ENFANTS, PAPA EST ARRIVÉ !

ON MANGE DANS CINQ MINUTES !

TU AS LE TEMPS DE LIRE TON JOURNAL, SI TU VEUX.

HMM... NON TA CUISINE ME SEMBLE PLUS À MÊME DE ME REMONTER LE MORAL QUE LES INFOS !

J'AI TOUJOURS VOULU RACONTER DES HISTOIRES.

ENFANT, JE M'EN ÉTAIS FAIT LA PROMESSE.

JE COLLECTIONNAIS LES COUPURES DE JOURNAUX SUR LES SUJETS QUI M'INTÉRESSAIENT.

coupures

POUR PLUS TARD.

POUR QUAND JE SERAIS GRAND...

QUELQUES MOIS AUPARAVANT...

PFF PFF

EN MAUVE, C'EST L'ULSTER, LA PARTIE DE L'IRLANDE QU'EST PAS INDÉPENDANTE. ET BELFAST, LÀ OÙ HABITE LA FAMILLE QUI VA NOUS HÉBERGER, C'EST LÀ!

ÇA CRAINT PAS UN PEU, BELFAST, AU FAIT?

POURQUOI ÇA CRAINDRAIT?!

BEN, JE NE SAIS PAS... Y A DES ATTENTATS LÀ-BAS. ILS NE S'AIMENT PAS BEAUCOUP ENTRE CATHOS ET PROTESTANTS.

ET ALORS? T'ES CATHOLIQUE OU PROTESTANT, TOI, MAINTENANT?!

HA ÇA NON! ON EST PLUTÔT BOUFFEURS DE CURÉS DANS LA FAMILLE MAIS...

ET BIEN RESTE-LE ET TU RISQUES RIEN!

EN PLUS ON EST BRETONS! C'EST TOUS NOS COUSINS LÀ-BAS! REGARDE LES PAYSAGES! C'EST COMME ICI MAIS EN PLUS GRANDIOSE!

HÉ, C'EST VRAI QU'IL Y A LA MER PRÈS DE BELFAST!

BEN, PRÈS DE TOUT D'AILLEURS! C'EST QUAND MÊME UNE ÎLE!

CECI DIT, MÊME EN ÉTÉ, ÇA DOIT CAILLER, L'EAU LÀ-BAS! M'ÉTONNERAIT QU'ON SE BAIGNE TOUS LES JOURS!

ALORS, ON IRA SE BAIGNER DANS LE LAC DU CONNEMARA!

TERRE, BRÛ-LÉE AU VENT DES LANDES DE PIERRE, AUTOUR DES LACS!...

C'EST POUR LES VIVANTS, UN PEU D'ENFER, LE CON-NE-MA-RAAAAA!!...

HA! HA! HA!

ALLEZ VIENS, FAUT QU'ON TÉLÉPHONE À MON PROF POUR LUI DONNER LA BONNE NOUVELLE!

DES NUAAA-GES-EU NOIRS QUI VIENNENT-EU DU NORD COLORENT LA TERRE, LES LACS, LES RIVIÈRES, C'EST LE DÉCOR DU CON-NE-MA-RAAAAAAA!!...

6

24 AOÛT 1968. PREMIÈRE MARCHE POUR LES DROITS CIVIQUES EN IRLANDE DU NORD RÉCLAMANT LA FIN DES DISCRIMINATIONS DONT SONT VICTIMES LES CATHOLIQUES VIVANT EN ULSTER.

la crise en Irlande du Nord
Quelques dates clés :

IRLANDE DU NORD
Derry
ULSTER
Belfast
Donegal
Sligo
RÉPUBLIQUE D'IRLANDE
CONNACHT
Galway
LEINSTER
Dublin
Kerry
MUNSTER
Cork

AOÛT 1969. SUITE À UNE SÉRIE DE TROUBLES ENTRE CATHOLIQUES ET PROTESTANTS, L'ARMÉE BRITANNIQUE SE DÉPLOIE EN IRLANDE DU NORD.

30 JANVIER 1972. BLOODY SUNDAY : LES PARACHUTISTES ANGLAIS TIRENT SUR UNE MANIFESTATION RÉCLAMANT LES MÊMES DROITS CIVIQUES POUR TOUS, CATHOLIQUES OU PROTESTANTS. 13 MORTS ET DES DIZAINES DE BLESSÉS.

27 AOÛT 1979 : LE MÊME JOUR 18 PARACHUTISTES ANGLAIS SONT TUÉS À WARRENPOINT TANDIS QUE LORD MOUNTBATTEN EST ASSASSINÉ À MULLAGHMORE (PAR UNE BOMBE PLACÉE DANS SON YACHT).

5 MAI 1981 : MORT DE BOBBY SAND À LA PRISON DE LONG KESH APRÈS 66 JOURS DE GRÈVE DE LA FAIM POUR OBTENIR LE STATUT DE PRISONNIER POLITIQUE. NEUF AUTRES PRISONNIERS CATHOLIQUES DÉCÈDERONT DANS LES MÊMES CONDITIONS.

8 MAI 1987 : 8 COMBATTANTS DE L'ARMÉE RÉPUBLICAINE IRLANDAISE (IRA) ET 1 CIVIL SONT TUÉS À LOUGHGALL PAR LES SAS BRITANNIQUES.

TROIS MOIS PLUS TARD...

ALORS, C'EST BON? RIEN OUBLIÉ? SÛR?

BOÂÂH... MIS À PART LES BILLETS ET TOUTES NOS FRINGUES, NON, À PART ÇA, ÇA DOIT ÊTRE BON...

PFFF... IMBÉCILE VA! ON SE DEMANDE D'AILLEURS CE QUE VOUS AVEZ MIS DANS VOS SACS! ON CROIRAIT UN DÉMÉNAGEMENT!

ATTENDEZ, ON PART POUR DEUX MOIS QUAND MÊME! SANS COMPTER LES 24 HEURES DE VOYAGE! FAUT PRÉVOIR!

BEN OUI! CHOCOLAT, PETITS SUISSES, CHOCOLAT, PETITS SUISSES, CHOCOLAT...

OUI. ET PUIS J'SAIS PAS SI T'AS VU, J'AI PRIS UN PEU DE CHOCOLAT AUSSI!

PFRR...

HA! T'AS PRIS DES PETITS SUISSES AUSSI! BIEN...

HA, LÀ, LÀ BANDE DE RASTAQOUÈRES! ALLEZ, EMBRASSEZ VOS PAUVRES PARENTS ET FILEZ À VOS PLACES AVANT QUE LE TRAIN NE DÉMARRE!

PAPA, MAMAN, MES RESPECTS.

ET FAIS UN EFFORT POUR PARLER ANGLAIS! JE VEUX QUE TU REVIENNES EN VRAI POLYGLOTTE!

ÇA MARCHE DÉJÀ! DINGUE! J'AI RIEN COMPRIS À CE QUE T'AS DIT!

GOUD BAÏE MOTHER!!

HA! HA! HA! SAÂLOUIT!!

C'EST VRAI QU'ON FAIT UN SACRÉ PÉRIPLE: BREST-PARIS-CALAIS-DOUVRES-LONDRES-L'ÉCOSSE ET BELFAST! Y AVAIT PAS DE BATEAU DIRECT?!

BEN, JUSQU'À L'IRLANDE DU SUD SI. L'ULSTER, J'SAIS PAS. MAIS ON S'EN FOUT, C'EST COOL LES LONGS VOYAGES! ET REGARDE CE QUE MA MÈRE M'A FILÉ AVANT DE PARTIR!

C'EST QUOI?! "NON?!" DES PRÉSERVATIFS?!!

OUVRES-EN UN, J'EN AI JAMAIS VU!

PURÉEE! MAIS C'EST TAILLE MÉGA-MAX!!

OUAIIIS, HÉ HÉ... POURTANT, JE LUI AI PROMIS QUE JE RESPECTERAIS L'HONNEUR DES IRLANDAISES...

OUI BEN, C'EST DU PRÊT-À-PORTER, HEIN, PAS DU SUR-MESURE!!

HA! HA! HA!

10

WOW !... LA VACHE ! ÇA CAILLE ! CONNAISSENT PAS L'ÉTÉ ICI ?! ON EST OÙ EXACTEMENT ?

EN ÉCOSSE.

SANS BLAGUE ?! JE ME DISAIS AUSSI QUE ÇA RESSEMBLAIT PAS AU MAROC !

JE VEUX DIRE, ON EST OÙ EXACTEMENT EN ÉCOSSE ?

JE NE SAIS PAS, J'AI PAS RETENU LE NOM DU BLED. UN PORT SUR LA CÔTE OUEST, JE SUPPOSE, JUSTE EN FACE DE BELFAST.

EH BEN, DIRE QU'ON M'AVAIT VANTÉ LES CHARMES DES HIGHLANDS ! FAUDRAIT ME PAYER CHER POUR HABITER ICI !

BAH, C'EST JUSTE UN PORT !... T'AS RATÉ LE MEILLEUR QUAND TU DORMAIS : DES MOUTONS, DES MURS DE PIERRE, DES LANDES, DES CHÂTEAUX PERDUS AU MILIEU DES LACS !... ON SE SERAIT CRUS DANS "TINTIN ET L'ÎLE NOIRE" !

SANS DÉCONNER ?! DES MOUTONS ET DES MURS DE PIERRE ?!!! DINGUE ! MAIS QUE VONT FAIRE LES GENS SUR LA CÔTE D'AZUR ?!

PFFF !... OH, LÀ, LÀ MONSIEUR EST MAL RÉVEILLÉ DIS DONC !

RIEN À VOIR ! C'EST JUSTE QU'UN DÉCOR COMME ÇA, J'AI L'IMPRESSION D'ALLER À L'USINE DANS LE NORD-PAS-DE-CALAIS !

ET QU'EST-CE QUE ÇA CAILLE, MERDE !!

PAPERS, PLEASE

HA, Y A UN CONTRÔLE. SORS TA CARTE D'IDENTITÉ, JE PENSE QUE C'EST ÇA QU'ILS DEMANDENT.

MA CARTE D'IDENTITÉ ?!... ZUT, OÙ EST-CE QUE L'AI MISE DÉJÀ ?...

PAPERS, PLEASE !!!

PUTAIN, ELLE EST PAR LÀ !... MAIS OÙ ...

PAPERS, PLEASE !!!

?!

OUI, BEN ÇA VA ! I UNDERSTAND, I UNDERSTAND ! JE CHERCHE !

PAPERS, PLEASE !! QUICK !

HOO !! MAIS ÇA VA HÉ ! VOUS VOYEZ BIEN QUE JE NE LES TROUVE PAS !

*Les textes en minuscule sont en anglais dans le texte.

13

13

Voici le Markets, le quartier où vous habiterez.

Welcome home.

Votre maison est celle des Devlin, troisième à gauche.

15

Ha ! En parlant des Devlin, voilà Martha justement !

Hey Martha ! Voici tes jeunes Français !

HEY ANNY !

HI BOYS! WELCOME! WELCOME!

HELLO, HEU...

Mon nom est Martha ! Et le tien ?

Mon nom est Nicolas.

NI-KO-LAS? HO, OK, NICK, THAT'S GOOD!

Et le tien ?

Mon nom est Chris. Hmm... Enfin Christophe. Mais, Chris...

CHRIS OK. GOOD!

Mais entrez ! Entrez ! Donnez-moi vos sacs !

Je dois partir Martha. À plus !

Oui, ok ! Salut Anny, à plus ! Merci pour tout !

BYE.

YOU'RE WELCOME. BYE MARTHA! BYE GUYS!

BYE... HEU... ANNY.

Hé tout le monde ! Les petits Français sont arrivés !! Venez !

EH BEN, ELLE A DU COFFRE AU MOINS, LA MARTHA!

OUI ÇA FAIT PLAISIR ! ELLE NE PARLE PAS, ELLE CHANTE! ÇA J'AIME CHEZ LES ANGLAIS. ENFIN, DANS L'ANGLAIS...

16

"... ENSUITE, MARTHA NOUS A FAIT UN PETIT DÉJEUNER, JE TE DIS QUE ÇA! Y AVAIT PLUS À MANGER QUE DANS LE KIG-HA-FARZ DE MÉMÉ!

"... DES CÉRÉALES, DU LAIT, DES ŒUFS, DES SAUCISSES, DU JAMBON, DES HARICOTS, DU JUS DE FRUITS... JE SUIS BOURRÉE LÀ!

HA! HA! ET À PART LA NOURRITURE, VOUS VOUS METTEZ AUSSI À L'ANGLAIS?

BEN, ON ESSAYE M'MAN, QU'EST-CE TU CROIS! BON, POUR NICOLAS, C'EST UN PEU DUR.

"... POUR L'INSTANT, IL FAIT PLUTÔT UN STAGE DE LANGAGE DES SOURDS!

MAIS MOI, ÇA VA. J'AI L'IMPRESSION QUE LES MOTS VIENNENT TOUT SEULS!

"... HENRY, C'EST LE VIEUX SAGE QUI PARLE CALMEMENT, ET DAVE, C'EST LE MARI DE FANNY. ON NE COMPREND RIEN MAIS IL A DE TELLES EXPRESSIONS DE VISAGE QUE TU TE MARRES QUAND MÊME!!

NON, SINCÈREMENT, ON EST VRAIMENT BIEN TOMBÉS!

C'EST PARFAIT ALORS! ALLEZ, JE VAIS TE LAISSER PARCE QUE ÇA VA LEUR COÛTER CHER SINON! AMUSEZ-VOUS BIEN!

OK! JE TE RAPPELLERAI DEMAIN. SALUT M'MAN!

ET PUIS J'AIME BIEN LE PLUS JEUNE AUSSI, MARK: IL A DES POSTERS DE FOOT PARTOUT DANS SA CHAMBRE ALORS FORCÉMENT ON A DE QUOI CAUSER!

HEY CHRIS! WANNA PLAY FOOTBALL ?!

YES! I WANT! I'M GOING TO LOOK FOR MY... MERDE COMMENT ON DIT "SURVÊTEMENT" EN ANGLAIS?!

HEU ... J'EN SAIS RIEN. "ON-CLOTHES"?

?!...

Hé P'pa ?! Quelqu'un arrive en Rolls-Royce !

Whahoo ! Vous avez vu cette grosse bagnole ?!

En Rolls-Roy... ?! Ho, je vois !

C'est pour Chris !

CHRIS, GO AND PREPARE YOUR THINGS!

MA FAMILLE ?!... MAIS NORMALEMENT, ON DEVAIT HABITER ENSEMBLE MOI ET NICOLAS !!

Oui. Mais en fait, M. Tranvouez préférait que vous soyez chacun dans une famille différente. Pour parler plus anglais.

Mais tu verras, ils ont l'air très gentils et ils habitent dans un très beau quartier !

Et ce sont des enfoirés de protestants...

Mark ! S'il te plaît !

DONG

C'est mon tour ! T'es même pas capable de le faire voler plus de deux secondes !

Non, c'est à moi !

HELLOOO !!!

GIVE IT TO ME !!

OUCH !!

HELLO MARY !

Alors ? Notre petit Français est bien arrivé ?

Hé, les garçons, cessez de vous chamailler et descendez dire bonjour à Chris !

BOON-JOUR, HA! HA! HA!

Ma femme, Mary. Mary, voici Chwistophe... Hmm, Chris, ce sera plus facile !

HELLO MARY.

Bienvenue parmi nous, Chris ! Tu as fait bon voyage ?

Oui. C'était long mais... Pas de problème.

Voici nos fils Billy et Jimmy ! Dites bonjour les garçons !

HELLO.

HI.

HELLO !

Ok : prends ton sac, Chris, je vais te faire visiter la maison avant de manger.

Home sweet home ! Le salon est en face et la cuisine est à droite ici. Ta chambre est à l'étage, près de celles de Jimmy et Billy. Viens, on va y monter.

Alors, ça te convient ?

Oui, c'est parfait. Parfait.

Fais attention où tu mets les pieds, les garçons ne connaissent pas le mot « rangement » !

Là, c'est la chambre de Billy, celle de Jimmy ici, et dans le fond la tienne !

Right ! Je te laisse déballer tes affaires et t'installer. Le repas sera servi dans une demi-heure.

OK. RIGHT.

APRÈS ÇA, ON A MANGÉ TOUS ENSEMBLE : UNE VIANDE PANÉE AVEC DES GROS PETITS POIS À LA MENTHE ! PAS MIEUX QUE LEUR CONVERSATION SUPER-BANALE QUOI... MARY EST RIGOLOTE MAIS GERRY, JE LE SENS FAUX AVEC UNE GENTILLESSE UN PEU FORCÉE. QUANT AUX DEUX BRANLEURS...

MAIS LE PIRE, ÇA A ÉTÉ L'APRÈS-MIDI : LES FRANGINS SONT DINGUES DE JEUX VIDÉO ET ON A FAIT QUE ÇA ! MOI JE DÉTESTE LES CONSOLES ET JE SUIS ARCHINUL. LE PLUS PETIT, BILLY, N'A PAS ARRÊTÉ DE SE FOUTRE DE MA GUEULE !

BREF : JE ME SUIS FAIT CHIER COMME UN RAT MORT...

OUAAAH... EH BEN, MON PAUVRE... JE COMPRENDS MIEUX POURQUOI TU NOUS AS REJOINS AUX AURORES!

AUX AURORES ?! T'ES GENTIL, IL EST QUAND MÊME PRESQUE ONZE HEURES!

C'EST BIEN CE QUE JE DIS! ÇA FAIT DIX HEURES EN FRANCE! IL FAIT À PEINE JOUR! J'AI ENCORE LE DÉCALAGE HORAIRE DANS LES PATTES! MFFFRR"

M'EN PARLE PAS! HENRY C'EST UN PEU LE GOUROU DU QUARTIER, UNE SORTE DE VIEUX SAGE, QUOI, Y A AU MOINS QUINZE PÉKINS QUI SONT PASSÉS LE VOIR DANS LA SOIRÉE!

PFFF... TOUJOURS AUSSI FEIGNASSE LE MATIN TOI! VOUS AVEZ FINI À PAS D'HEURE HIER SOIR OU QUOI ?!

SANS COMPTER QUE JE SERVAIS D'ATTRACTION: À CROIRE QU'ILS N'ONT JAMAIS CROISÉ UN ÉTRANGER ICI! TOUT LE MONDE VOULAIT ME VOIR, SAVOIR D'OÙ JE VENAIS, TOUT ÇA.

HA OUI? ET ILS ÉTAIENT COOLS?

SUPER SYMPAS OUAIS! ET PUIS, ILS ONT ABSOLUMENT VOULU QUE JE GOÛTE LA BIÈRE IRLANDAISE!"

ENFIN, LES BIÈRES IRLANDAISES"

ET ALORS ?

ALORS, BEN CUIT COMME UN POLONAIS, DODO À QUATRE HEURES DU MAT', ET RÉVEIL CASQUETTE COMME TU LE VOIS" JE N'AI PAS L'HABITUDE ENCORE.

PURÉE" IL FAUT QUE JE ME DÉBROUILLE POUR RESTER ICI, ÇA A L'AIR TROP BIEN!

BON, JE VAIS PRENDRE UNE DOUCHE SINON JE NE VAIS PAS DÉCOLLER AVANT DEUX HEURES.

C'EST QUAND MÊME CE QUI ÉTAIT PRÉVU AU DÉPART, QU'ON HABITE ENSEMBLE MERDE! JE NE VAIS PAS RESTER CHEZ LES AUTRES BLAIREAUX PENDANT UN MOIS!

26

"BLAIREAUX", T'ES UN PEU RUDE QUAND MÊME, TU LES CONNAIS À PEINE! ELLE A L'AIR SYMPA, MARY!

JE NE SUIS PAS VENU LÀ POUR JOUER AUX JEUX VIDÉO PENDANT UN MOIS AVEC DEUX EXCITÉS GÂTÉS-POURRIS! POUR PARLER ANGLAIS ET CONNAÎTRE VRAIMENT LES IRLANDAIS, ICI ÇA ME SEMBLE MIEUX, NON ?!

OUI, MARY ÇA VA. MAIS SINCÈREMENT, LES DEUX GOSSES ME TAPENT DÉJÀ SUR LE SYSTÈME ET JE TE DIS, GERRY, JE LE SENS PAS.

OUI, JE PENSE AUSSI. ÉCOUTE: ON DOIT APPELER MON PROF CE MATIN JUSTEMENT. ON LUI EN PARLE ET ON VERRA BIEN, OK ?

OK! ON PEUT ESSAYER.

HÉ.?!..PUTAIN! MATE LA SERVIETTE!

LA CLASSE NON ?!

NON, NON, ON NE PEUT PAS FAIRE ÇA! LES DEUX FAMILLES ONT PRÉVU VOTRE PRÉSENCE PENDANT UN MOIS, ON NE VA PAS TOUT CHAMBOULER MAINTENANT! ET PUIS, VOUS ÊTES LÀ POUR PARLER ANGLAIS AVANT TOUT, PAS QUE POUR VOUS AMUSER!

MAIS JUSTEMENT!... ENFIN BON, OK. TANT PIS. AU REVOIR.

OUAIS. LA CLASSE ...

ET MERDE, TIENS ! QUI C'EST QU'A TOUT CHAMBOULÉ ?! C'ÉTAIT PRÉVU QU'ON SOIT DANS LA MÊME FAMILLE DEPUIS LE DÉPART !

ALLEZ, ON NE VA PAS SE LAISSER POURRIR LES VACANCES POUR ÇA ! ON SE DÉBROUILLERA POUR DORMIR CHEZ L'UN CHEZ L'AUTRE, T'INQUIÈTE PAS !

OUAIS BON, T'AS RAISON... C'EST JUSTE QUE ÇA M'ÉNERVE LES EXCUSES À DEUX BALLES.

HEY FRENCH GUYS !

HI MARK ! HOW DO YOU DO ?

HELLO MARK.

SI ON FAISAIT DU SPORT ?! UN VRAI SPORT ?!...

UN VRAI SPORT ?! HEU !... YES ! WHAT SPORT ?

Vous connaissez le football ? Le cricket ?! Le baseball ?!

YES SURE !

Oubliez tout ça ! Let's play... Hurling !!

26

On va se
mettre là.

Allez ! L'équipe
britano-irlandaise
entre sur le
terrain !!

Je tiens
la batte.

Chris,
tu jettes la balle
le plus fort
possible !

GO !!

YAAAHHH !!!

HAN !!!

OUI, "FUCKIN' BRITS!" ... ET "BRITS OUT".

COMME UN LEITMOTIV, VOILÀ CE QUI A RÉSONNÉ APRÈS CETTE MÉSAVENTURE DANS LE SALON DES DEVLIN OÙ PLUSIEURS HABITANTS DU QUARTIER ÉTAIENT VENUS PRENDRE LE THÉ.

NOUS AVONS COMPRIS QUE CE GENRE D'ATTITUDE DES SOLDATS ANGLAIS N'ÉTAIT QUE LA MOINDRE DES HUMILIATIONS SUBIES PAR LES CATHOLIQUES AU QUOTIDIEN.

MAIS QUE LA MÊME CHOSE PUISSE NOUS ARRIVER À NOUS, QUI ÉTIONS LEURS INVITÉS, ÇA ILS NE LE SUPPORTAIENT PAS...

SEUL AU MILIEU DE CETTE ESCALADE DE COLÈRE VERBALE, HENRY RESPIRAIT TOUJOURS UNE SORTE DE SÉRÉNITÉ OBJECTIVE.

IL ENTREPRIT D'AILLEURS DE NOUS ÉDIFIER SUR LES ORIGINES DES PROBLÈMES ENTRE CATHOLIQUES ET PROTESTANTS.

NÉANMOINS LA COMPLEXITÉ D'UN TEL CONFLIT NOUS APPARUT BIEN DIFFICILE À SAISIR DANS UNE LANGUE ÉTRANGÈRE.

MAIS POUR L'ADOLESCENT QUE J'ÉTAIS, LES DEUX JOURS QUE NOUS AVIONS DÉJÀ PASSÉS À BELFAST M'AVAIT FAIT APLANIR FACILEMENT CETTE COMPLEXITÉ.

30

32

AVEC LES CATHOLIQUES NOUS ÉTIONS AUX CÔTÉS DES OPPRIMÉS ET CELA ME DONNAIT ENCORE PLUS ENVIE DE M'INTÉRESSER À EUX.

C'EST QUOI LES CHIFFRES DE CHAQUE CÔTÉ DU JOURNAL ?

À gauche, les morts catholiques.

Et à droite, les morts protestants...

HA ...

LE SOIR, MARY EST REVENUE ME CHERCHER. CONFIRMANT LA MEILLEURE OPINION QUE J'AVAIS D'ELLE, ELLE ACCEPTA AVEC PLAISIR L'INVITATION D'HENRY À RESTER BOIRE UN VERRE.

ELLE CONQUIT MÊME TOTALEMENT L'ASSISTANCE, DE PLUS EN PLUS NOMBREUSE AU FUR ET À MESURE DE LA NUIT, ME PERMETTANT AINSI DE PASSER LA PREMIÈRE SOIRÉE CHALEUREUSE DE CET ÉTÉ QUI RISQUAIT D'EN COMPTER BEAUCOUP D'AUTRES...

À TEL POINT QUE LE DÉPART DE CHEZ LES DEVLIN NE ME FRUSTRA NULLEMENT, D'AUTANT PLUS QUE MARY AVAIT INVITÉ NICOLAS À ME REJOINDRE DÈS LE LENDEMAIN.

31

C'ÉTAIT PEUT-ÊTRE PAS TRÈS POLI DE SE TIRER JUSTE APRÈS LE DÉJEUNER, NON? ELLE N'A RIEN DIT, MARY?

BAH, JE CROIS QU'ELLE A COMPRIS QU'ON PRÉFÉRAIT DÉCOUVRIR BELFAST PLUTÔT QUE DE SE TAPER SES FISTONS TOUTE LA JOURNÉE !

OUI ... EN TOUT CAS, ILS HABITENT VRAIMENT DANS UN CHIÉ DE COIN! IL EST IMMENSE CE PARC !

ET ENCORE, T'AS PAS VU LES BICOQUES ALENTOUR ! EN VENANT DU MARKETS LA PREMIÈRE FOIS, J'AVAIS L'IMPRESSION DE PASSER DE LA PALESTINE À LOS ANGELES !

J'AI CRU COMPRENDRE QU'IL Y AVAIT MÊME UN GOLF À CÔTÉ! GERRY M'A DEMANDÉ SI JE VOULAIS EN FAIRE UN ...

HA! HA! HA! NOUS AU GOLF !

REMARQUE, C'EST CHIANT À VOIR MAIS À JOUER, ÇA PEUT ÊTRE MARRANT !

ET HAN! ADMIREZ MESDAMES LE DÉHANCHÉ TERRIBLEMENT SEXY DE CE JEUNE FRANÇAIS AU PAR 4 !

... QUI D'AILLEURS, À DÉFAUT DE METTRE LA BALLE DANS LE TROU, VIENT D'EN CREUSER UN NOUVEAU POUR TROMPER L'ADVERSAIRE! QUELLE TECHNIQUE MACHIAVÉLIQUE !

C'EST PARCE QUE J'AVAIS PAS ENCORE LA TENUE: L'IMPROBABLE PANTALON À CARREAUX QUI REMONTE AU-DESSUS DES SOQUETTES BLANCHES !

ET VOILÀ! TIN-TIN-TIN! CELUI QU'ON SURNOMME L'ÉTALON BRETON PREND POSSESSION DU GREEN ... ?!

'TAIN REGARDE !

WHOUAAH! DES TERRAINS DE TENNIS EN HERBE!

TERIIIIBLE !! À PART DANS TON JARDIN, JE N'AI JAMAIS JOUÉ SUR HERBE! ON AURAIT DÛ PENSER À AMENER NOS RAQUETTES!

ON POURRA DEMANDER À MARY! PEUT-ÊTRE QU'ILS EN ONT CHEZ LES NICHOLL! T'AS VU ÇA COMMENT L'HERBE EST BELLE?! ÇA DOIT ÊTRE TROP BON DE ... ?!

??! ...

EH BEN, IL VOLE BAS CELUI-LÀ !

MAIS ATTEND, IL EST EN TRAIN DE SE POSER DANS LE PARC?! VIENS, ON VA VOIR!

FLOOH FLOOH FLOOH FLO FLOOH FLO

33

EH BÊ... T'AS VU ÇA, ON DIRAIT FORT ALAMO!

FLOOH FLOOH FLOOH FLOOH FLOOH FLOOH FLOOH FLOOH FLOOH

OUAIS CARRÉMENT... C'EST DE LÀ QU'IL VIENT ALORS, L'HÉLICO! J'AI REMARQUÉ HIER QU'IL SURVOLAIT LA VILLE EN PERMANENCE.

HA OUI, C'EST VRAI, T'AS RAISON, JE L'AVAIS VU AUSSI.

MARC M'A PARLÉ DE CES FORTS HIER SOIR. IL PARAÎT QU'IL Y EN A AU-DESSUS DE CHAQUE QUARTIER CATHOLIQUE POUR LES SURVEILLER.

LE JEU FAVORI DES GAMINS, C'EST DE MONTER AUX POTEAUX TÉLÉGRAPHIQUES POUR ACCROCHER DES DRAPEAUX IRLANDAIS SOUS LE NEZ DES SOLDATS ANGLAIS.

ET LE PIRE, C'EST QUE DES FOIS, LES MECS TENTENT LE CARTON ET LEUR TIRENT DESSUS!

CARRÉMENT?! TOUT ÇA POUR UN DRAPEAU?!

OUAIS... PUTAIN, JE PENSAIS PAS QUE BELFAST ÉTAIT AUSSI CRAIGNOS QUAND MÊME!

HO MAIS ...?!

HO, HO...

HEY! HI BOYS!

SALUT! HEU! Hi!

Salut les garçons ! Vous venez causer un peu avec nous ?

DIS DONC, ELLES NE SONT PAS FAROUCHES AU MOINS ! QU'EST-CE QUE TU FAIS ? ON Y VA !

BAH, C'EST BON, ELLES NE SONT PAS TERR'IBLE !

TU RIGOLES ?! T'AS VU LA PETITE BRUNE LÀ ?! ÇA Y EST, J'SUIS AMOUREUX !

HI BOYS !

Hey ?! Où allez-vous ?!

C'est quoi votre nom ? Venez vous asseoir !

ARRÊTE ! Y'A MÊME UNE ROUQUINE ! NON LÀ, CE N'EST VRAIMENT PAS MON...

"...GENRE ?!

Vous êtes timides ?

EXCU'SE-MOI, J'AI RIEN DIT !

Ho sorry girls ! On n'a pas compris ! Nous sommes français !

?!

FRENCH ?!

YES!

ARE YOU ?!

Oui ! Nous venons de Bretagne !

Ho, fantastique ! Mais qu'est-ce que vous faites ici ?!

Comment tu t'appelles ?

Nic ! Et lui, c'est Chris ! Et toi ? Comment tu t'appelles ?!

JE DOIS BIEN AVOUER : JE N'AI PAS RETENU TOUS LEURS PRÉNOMS...

MAIS IL Y AVAIT AU MOINS RUBY, QUI M'AVAIT FAIT CHANGER TOTALEMENT D'OPINION AU SUJET DES ROUQUINES...

ET FIONA, QUI RIMA IMMÉDIATEMENT AVEC NICOLAS.

EN FRANCE, JE NE CONNAIS LES OPINIONS RELIGIEUSES DE PERSONNE. ICI, C'EST PRESQUE LE PREMIER SUJET DE CONVERSATION, CELUI QUI VIENT JUSTE APRÈS LE NOM ET ÉVENTUELLEMENT, L'ÂGE.

ELLES ÉTAIENT TOUTES PROTESTANTES. L'IRLANDE S'OFFRAIT À NOUS SOUS UN JOUR ENCORE NOUVEAU...

NOUS NE LES AVONS QUITTÉES QU'EN FIN D'APRÈS-MIDI. ET ON PROMIT BIEN SÛR DE SE REVOIR LE PLUS VITE POSSIBLE: MÊME HEURE, MÊME PARC...

HAAA... FIONAAA!! HMMM! FIONA...

HO RUBY!...

SHE LOVES YOU, YEAH, YEAH, YEAH! SHE LOVES YOU, YEAH, YEAH, YEAAAH!!

LÀ C'EST PAS POSSIBLE, ON VA CONCLURE! ON A TROP LA COTE! HÉ, PEUT-ÊTRE QUE LES PRÉSERVATIFS MATERNELS NOUS SERVIRONT À AUTRE CHOSE QU'À JOUER AU BALLON GONFLABLE FINALEMENT!

T'EXCITE PAS QUAND MÊME! TU AS ENTENDU CE QUE M'A DIT RUBY TOUT À L'HEURE? "ICI, ON SE MARIE TÔT ET ON SE MARIE VIERGE"...

MAIS Y A PAS DE PROBLÈME! S'IL LE FAUT, JE ME MARIE, MOI, JE ME MARIE! PRÉPARE TON COSTARD DE TÉMOIN!

HÉ, HÉ! C'EST MARRANT QUAND MÊME:

D'UN CÔTÉ, Y A LA RELIGION QUI NE LES LÂCHE PAS D'UNE SEMELLE ET DE L'AUTRE J'AI RAREMENT VU DES NANAS CAUSER DE LEURS RELATIONS AVEC LES MECS AUSSI NATURELLEMENT!

TU PARLES! J'EN REVIENS PAS COMMENT C'ÉTAIT FACILE: C'EST ELLES QUI NOUS ACCOSTENT ICI!

EN FRANCE, ON SE SERAIT FAIT JETER COMME DES MINABLES ET LÀ Y A DES VRAIS CANONS QUI T'INTERPELLENT:

YOUHOUUU BOYS! YOUHOUU!! BISOUS, BISOUS!!

?!!

N'OUBLIE PAS QU'ON EST FRANÇAIS AUSSI, ÇA AIDE!

J'AI L'IMPRESSION QU'ILS NE DOIVENT PAS VOIR BEAUCOUP DE TOURISTES ICI ET QU'ILS NE PARTENT PAS NON PLUS SOUVENT À L'ÉTRANGER, ALORS FORCÉMENT, ON FAIT UN PEU EXOTIQUE!

NON, NON, NON, RIEN À VOIR! C'EST GÉNÉTIQUE: LE POUVOIR DU "FRENCH LOVER" EST EN NOUS! ET NULLE DONZELLE NE PEUT Y RÉSISTER! PRINCESS FIONA, MY PRINCESS! YOU WILL BE MIIINE!

I LOVE YOU, YEAH, YEAH, YEAH! I LOVE YOUUU, YEAH, YEAH YÉAAAAH!!

CETTE FOIS LES VACANCES ÉTAIENT DÉFINITIVEMENT LANCÉES...

37

ET LES JOURS PASSÈRENT LES UNS APRÈS LES AUTRES : L'UN AU MARKETS, DANS LA RUE DU MATIN AU SOIR, OÙ NOTRE STATUT DE FRANÇAIS FIT RAPIDEMENT DE NOUS LES VEDETTES DU QUARTIER.

LE SALON DES DEVLIN NE DÉSEMPLISSAIT PAS NON PLUS DU SOIR AU MATIN : POUR BEAUCOUP, NOUS ÉTIONS LE PREMIER CONTACT RÉEL AVEC L'EXTÉRIEUR, AVEC UN AUTRE MONDE. SANS CHECK POINTS MILITAIRES, SANS ATTENTATS ET SANS PERSONNE À HAÏR...

LE LENDEMAIN CHEZ LES NICHOLL OÙ NOTRE VIE, SI ELLE ÉTAIT PLUS CONFORME AVEC NOS HABITUDES D'ADOS FRANÇAIS, ENTRE GLANDE ET DRAGUE AU PARC, N'EN ÉTAIT PAS MOINS AGRÉABLE ...

D'AUTANT PLUS QUE COMME ESPÉRÉ, NOS ÉCHANGES DEVINRENT TRÈS VITE PLUS INTIMES AVEC RUBY ET FIONA. CETTE RELATION NOUS PERMIT AUSSI DE DÉCOUVRIR LE POINT DE VUE PROTESTANT SUR LE CONFLIT EN ULSTER.

MÊME SI LES FILLES NOUS PARURENT TOUT DE MÊME MOINS CONCERNÉES QUE LES GAMINS DU MARKETS.

ÇA DÉPEND SANS DOUTE DE QUEL COTÉ DES BARBELÉS ON SE TROUVE...

SEUL LE WEEK-END MARQUAIT UNE RUPTURE. CHACUN RESTAIT EN "FAMILLE" ET J'AVAIS DROIT À L'ENNUYEUSE SORTIE À LA CAMPAGNE, DRIVE PAR GERRY. CES DEUX JOURS-LÀ ME SEMBLAIENT INSUPPORTABLES ...

38

40

MAIS PAS AUTANT QUE LA NOUVELLE QUI NOUS TOMBA DESSUS UN LUNDI MATIN...

Hey Chris ! Je voulais justement te voir avant de partir au boulot !

YES ?... IL Y A QUELQUE CHOSE QUI NE VA PAS ? HEU... WHAT'S THE MATTER ?

Hmm... Je viens de parler à M. Tranvouez au téléphone. Tu ne pourras pas voir Nick cette semaine.

Tu vois, c'est un peu... difficile, tous ces allers-retours quotidiens et... Tu dois travailler ton anglais. C'est pour ça que tu es là, vraiment.

NE PAS VOIR NICOLAS PENDANT UNE SEMAINE ?! ET GERRY D'AFFIRMER QUE SES GAMINS SAURAIENT "S'OCCUPER" DE MOI ET QU'ON AURAIT "A LOT OF FUN TOGETHER"...

J'AI SURTOUT SENTI QUE CETTE SITUATION RISQUAIT DE DURER ET QUE LE COUP D'APPRENDRE L'ANGLAIS N'ÉTAIT TOUJOURS QU'UNE EXCUSE.

PUTAIN ! ALORS ÇA, HORS DE QUESTION ! JE T'EN FOUTRAIS MOI DU "LOT OF FUN" !!

MARY ÉTANT ABSENTE, J'AI DÉCIDÉ DE PASSER OUTRE ET DE REJOINDRE NICOLAS AU MARKETS PAR MES PROPRES MOYENS.

BON.

C'EST LE MOMENT OÙ JAMAIS DE SAVOIR SI J'AI LE SENS DE L'ORIENTATION OU PAS...

DE TOUTE FAÇON, SI JE ME PAUME, JE NE VAIS PAS NON PLUS ME RETROUVER EN ISLANDE !

QUOIQUE...

SORRY MISTER OFFICER : I LIVE IN NICHOLL'S HOUSE, IN DONEGALL ROAD !

MERDE... JE N'AI PAS REGARDÉ LE N° DE LA MAISON AVANT DE PARTIR. D'AILLEURS, JE NE SAIS MÊME PAS SI LEUR ALLÉE FAIT PARTIE DE DONEGALL ?!

34

IL FAIT BEAU, C'EST DÉJÀ ÇA. PURÉE, ELLE EST COOL FINALEMENT, CETTE VILLE, QUAND LE SOLEIL SE POINTE !

HA ! HA ! ET PUIS LA TÊTE QU'ILS VONT TIRER QUAND ILS VONT ME VOIR SE POINTER !

CHRIS ?! COMMENT T'AS FAIT ?! HA ! HA ! TROP FORT !

ET ENFIN, AU BOUT D'UNE BONNE HEURE ET DEMIE DE MARCHE...

C'EST PAR LÀ, C'EST BIEN ÇA ! APRÈS, À DROITE, ET PUIS À GAUCHE...

HO, HÉ HELLOOOO !!

??!

T'ES VENU TOUT SEUL ? T'ES DINGUE OU QUOI ?!

MERCI POUR L'ACCUEIL ! ÇA TE DÉRANGEAIT PAS, TOI, QUE NOS VACANCES SOIENT FOUTUES EN L'AIR !

BEN SI MAIS QU'EST-CE QU'ILS VONT DIRE GERRY ET MARY ?! ET PUIS N'EXAGÈRE PAS, C'ÉTAIT JUSTE LE TEMPS D'UNE SEMAINE !

40

APPAREMMENT OUAIS! JE VOIS BIEN LE COUP QUE ÇA ALLAIT PLUTÔT DURER JUSQU'À LA FIN!

ET PUIS TOI, ÇA VA, T'ES COOL ICI! MAIS MOI, UNE SEMAINE TOUT SEUL LÀ-BAS, MERCI LES VACANCES!

IL N'EMPÊCHE QU'IL VA FALLOIR EXPLIQUER LE TRUC À... BEN TIENS, VOILÀ HENRY JUSTEMENT!

?!

COMME À SON HABITUDE, HENRY PRIT LA CHOSE AVEC PHILOSOPHIE ET, SURTOUT, NOUS EXPLIQUA CLAIREMENT LE FIN MOT DE L'HISTOIRE.

DES RUMEURS DE TENSION INTERCOMMUNAUTAIRE RENDAIENT DIFFICILES LES ALLÉES ET VENUES ENTRE QUARTIERS CATHOLIQUES ET PROTESTANTS.

HENRY NE L'A PAS DIT AINSI MAIS J'AI BIEN SENTI QUE C'ÉTAIT SURTOUT GERRY QUI NE VOULAIT PLUS SE DÉPLACER AU MARKETS. CE QUI L'ACHEVA DÉFINITIVEMENT DANS MON ESTIME...

MAIS MON COUP DE FORCE FONCTIONNA FINALEMENT À MERVEILLE : HENRY APPELA LES NICHOLL ET UNE GARDE ALTERNÉE D'UNE SEMAINE COMPLÈTE FUT FINALEMENT DÉCIDÉE.

OK? TU ES D'ACCORD « MISTER ADVENTURER »?

JE N'AI PAS OSÉ EMBRASSER HENRY. MAIS J'Y AI PENSÉ TRÈS, TRÈS, FORT...

J'ADORE CE MEC!

HENRY? TU M'ÉTONNES! ET T'ES PAS TOUT SEUL!

JE TE DIS, IL PARAÎT PAS COMME ÇA MAIS C'T'UN VRAI GOUROU DANS LE QUARTIER!

IL DOIT PESER 42 KG TOUT MOUILLÉ MAIS TU SENS VRAIMENT LA FORCE TRANQUILL...?!

BEN ÇA ...

JE N'AI PAS RÊVÉ: C'ÉTAIT DES TYPES DE L'IRA, CES MECS, NON ?

SÛREMENT OUI ...

C'EST DINGUE QUAND MÊME ! ILS SE BALADENT ARMÉS COMME DES SIOUX COMME ÇA, TRANQUILLES ! À TON AVIS, ILS ALLAIENT FAIRE QUOI ?!

BRAOOOOO

PUTAIN !! C'ÉTAIT QUOI, ÇA ?!

JE NE SAIS PAS ... ON AURAIT DIT UNE EXPLOSION !

Hey boys, vous êtes OK ?

Ne vous inquiétez pas, c'est sans doute une bombe. Mais c'est OK, tout va bien !

Pas de problème avec la fenêtre ? Non, ça a explosé trop loin d'ici.

Retournez au lit. C'est fini. Have a good night !

"HAVE A GOOD NIGHT", TU PARLES ! LE RESTE DE LA "NIGHT", JE NE SUIS PAS SÛR QUE NOUS AYONS DORMI AVANT L'AUBE...

Hi Boys ! All right ? Vous avez bien dormi malgré l'explosion ?

Bonjour ! Oui, c'est OK, Martha. Que s'est-il passé alors ?

C'est un immeuble des British Telecom qui a été touché. Un étage entier s'est écroulé.

Les British Telecom ?! Mais c'est là où travaille Gerry, non ? Comment il va faire ?!

Cette nuit, une bombe de forte puissance a secoué le centre de Belfast sans faire de victimes. La police a été prévenue une heure avant que...

Justement, je viens de lui parler au téléphone : il va être très occupé durant les jours qui viennent.

Du coup, tu vas finalement rester avec nous pour le reste des vacances.

À CAUSE DE L'ATTENTAT, J'ALLAIS DONC RESTER AU MARKETS. POUR LA PREMIÈRE FOIS DE MA VIE, J'AURAIS BIEN EMBRASSÉ AUSSI UN POSEUR DE BOMBES...

43

NÉANMOINS, DANS LES JOURS QUI SUIVIRENT, L'ATTENTAT EUT DES RÉPERCUSSIONS IMMÉDIATES SUR NOTRE VIE QUOTIDIENNE, LES SOLDATS ANGLAIS SE FAISANT ENCORE PLUS PRÉSENTS.

LA TENSION ÉTAIT DEVENUE BRUSQUEMENT PALPABLE ET CECI, AJOUTÉ AU RETOUR DE LA PLUIE, NOUS AMENA À PASSER LE PLUS CLAIR DE NOTRE TEMPS DANS LA MAISON DES DEVLIN.

MAIS LE LIEU ÉTANT TOUJOURS AUSSI FRÉQUENTÉ, L'ENNUI NE NOUS EFFLEURA MÊME PAS. NOUS NOUS APPRENIONS MUTUELLEMENT DES MOTS ET DES CHANSONS EN GAÉLIQUE, EN FRANÇAIS, EN BRETON...

LE FOU RIRE EST UNE LANGUE UNIVERSELLE.

NOUS PARVÎNMES AUSSI À RETROUVER NOS AMIES PROTESTANTES DANS UN "LEISURE CENTRE", VASTE CENTRE DE LOISIRS AVEC PISCINE, SALLE DE JEUX, DISCOTHÈQUE, ETC.

LE TOP DE L'AMUSEMENT AU MILIEU D'UNE GUERRE CIVILE. BELFAST, QUOI...

CET APRÈS-MIDI NOUS DONNA D'AILLEURS UNE IDÉE, PROPRE AUX JOHN TRAVOLTA EN HERBE...

Hmm... Henry ? On peut te demander un truc ?

Nos copines voudraient nous inviter en discothèque samedi soir. Pour un anniversaire.

OUI, VOILÂ ET CE SERA CLEAN HEIN !!! TO MAKE SOME SPORT QUOI, HEU, HMM, ENFIN !!!

Ho... Le problème est qu'il n'y a pas de bus après huit heures. Il faut prendre un taxi.

Oui, oui, pas de problème. On peut le payer.

Mais le Leisure Centre est fermé la nuit, non ?

Oui. Du coup, on va dans une discothèque, le Dark Moon, près de là où habitent nos copines.

?!

Eh bien... Pourquoi pas, si vous ne rentrez pas trop tard !

Super ! Ne t'inquiète pas, Henry, nous... ?!

Henry, je peux te parler, s'il te plaît !

BEN, QU'EST-CE QU'IL Y A ? IL A UN PROBLÈME, DAVE ?!

J'SAIS PAS !!! MAIS J'AI L'IMPRESSION QUE ÇA N'A PAS L'AIR DE LUI PLAIRE QU'ON AILLE EN BOÎTE.

OK. Désolé, boys, mais finalement, je ne crois pas que ce soit une bonne idée d'aller dans cette discothèque.

Il y a parfois du... Hmm... « Fighting ». « Fighting ». Vous comprenez ?

Demandez à vos amies de fêter leur anniversaire un autre jour. Ce sera mieux ainsi, OK ?

47

NOUS N'AVONS PAS VRAIMENT COMPRIS LES EXPLICATIONS ALAMBIQUÉES D'HENRY AVEC SON "FIGHTING".

ON S'EST DIT QUE LES BOÎTES IRLANDAISES DEVAIENT ÊTRE PROPICES AUX BAGARRES. ET L'ANNIVERSAIRE FÛT REPORTÉ À LA SEMAINE SUIVANTE AU LEISURE CENTRE.

?!

LE FIN MOT DE L'HISTOIRE, ON L'EUT FINALEMENT LE LUNDI MATIN...

News
Irelan...
Shoot-out before
the Dark Moon
RAVIN...
KILLE...
TWO
BRITISH
SOLDIERS
KILLED

MAIS !...?!

Pardon Henry mais... Je peux prendre le journal, juste deux minutes ?

Ho oui ! Prends-le, j'ai fini !

PURÉE, T'AS VU ÇA ?! IL Y A EU UNE FUSILLADE AU DARK MOON SAMEDI SOIR !!

TU DÉCONNES ?! LA DISCOTHÈQUE OÙ ON DEVAIT ALLER ?!

MAIS ALORS... QUAND DAVE A PARLÉ À HENRY L'AUTRE JOUR...!

Oui... « Fighting »... Parfois.

BAM!
BAM!

OUVREZ LA PORTE ! IMMÉDIATEMENT !

OUVREZ CETTE PUTAIN DE PORTE OU NOUS LA DÉFONÇONS !

WHAT THE HELL ?!

Oui, je viens ! Je viens !!

Quoi ?! Qu'est-ce que vous voulez ?!

Désolé, M'ame ! Nous devons fouiller cette maison !

Pourquoi ?! Qu'est-ce que...

C'est moi qui pose les questions ! Qui est présent ici ?!

À part moi, juste mon mari, un de mes fils et deux autres garçons. Ils...

Où sont-ils ?!

Dans la cuisine...

QUATRE GARS À L'ÉTAGE ! LES AUTRES AVEC MOI ! ET DÉFONCEZ LES MURS SI VOUS AVEZ LE MOINDRE DOUTE !

Mais faites attention ! Si c'est des armes que vous cherchez, vous n'en tr...

SHUT UP ! ASSIEDS-TOI ET NE BOUGE PLUS ! OÙ EST CETTE CUISINE ?!

TAP TAP TAP

Bonjour tout le monde ! Restez assis et mains sur la table !

D'OÙ M'ÉTAIT VENUE L'IDÉE DE CETTE BLAGUE TOTALE- MENT INCONSCIENTE, JE NE L'AI JAMAIS SU. CE N'ÉTAIT PAS VRAIMENT UNE IDÉE D'AILLEURS.

PLUTÔT UNE SORTE DE RÉFLEXE, UNE RÉVOLTE ADOLESCENTE ET INSTINCTIVE. QUOI QU'IL EN SOIT, LES SOLDATS QUITTÈRENT BIENTÔT LA MAISON SANS NOUS INQUIÉTER.

INCONNU JUSQUE-LÀ, GÉRARD DEPARDIEU DEVINT INSTANTANÉMENT UNE VEDETTE AU MARKETS, UN NOM DE CODE DÉCLENCHANT SYSTÉMATIQUEMENT L'HILARITÉ GÉNÉRALE DES HABITANTS.

ET MOI, LE P'TIT FRENCHIE CULOTTÉ ET SOLIDAIRE, JE CONNUS MON QUART D'HEURE DE GLOIRE, FÊTÉ TEL UN HÉROS LOCAL DIGNE D'UN LAFAYETTE PRO-IRLANDAIS...

CHRIS KNOWN AS GÉRARD DEPARDIEU STREET

MAIS PENDANT CE TEMPS...

JE N'ÉTAIS BIEN SÛR PAS PRÉSENT MAIS JE SUPPOSE QUE ÇA A DÛ SE PASSER À PEU PRÈS COMME ÇA.

Sergent O'Hara au rapport, Sir !

Repos sergent.

Dites-moi : c'est vous qui avez contrôlé la maison des Devlin ce matin au Markets ?

Yes, Sir ! Rien à signa- ler, Sir !

Rien à signaler... Hmm...

Je vois qu'une des personnes se nommait Gérard Depardieu, nationalité française... Exact ?

Gé'ard Dipa'diou, yes, Sir ! Un jeune Français en vacances Sir !

50

Right... Savez-vous qui est réellement Gérard Depardieu sergent ?...

...

Voici Gérard Depardieu Sergent.

Est-ce bien ce « jeune Français » que vous avez contrôlé ce matin ?...

Sinon, retrouvez-le et ramenez-le immédiatement.

Si ces salopards d'Anglais reviennent, ce sera leur la fête, OK ? On va leur montrer qui fait la loi ici !

Que chacun se serve !

DIS DONC, ILS ONT L'AIR EXCITÉS, DAVE ET SES COPAINS!

OUI. LES ANGLAIS ONT FAIT DU DÉGÂT DANS LA CHAMBRE DE FANNY . ET CHEZ D'AUTRES DU QUARTIER AUSSI APPAREMMENT!

JE LES COMPRENDS : T'IMAGINES TOI, SI...?!

Les Brits arrivent !!

TAKE THAT YOU BUGGERS !

HAAA ! BASTARDS !

SCUMS !

Bordel, on n'y arrivera pas par là ! Evans, Parker et Edwards, avec moi !

Vous voyez la ruelle en face ? Elle doit nous mener à l'arrière de la maison Devlin ! On va tenter de passer par là !

55

EN AVANT !
GO ! GO !

Chris ? Nic ?
Ne restez pas
collés aux fenêtres
du côté rue !

Venez avec moi
vous mettre à
l'abri ! ça risque
de chauffer !

Où est Mark ?...
Par le ciel, où
croyais-tu aller ?!

J'allais aider les autres !
Rudy y est allé lui !

TON FRÈRE
A DIX-HUIT
ANS, IL FAIT
CE QU'IL VEUT !
TOI, PAS
ENCORE
QUE JE
SACHE !

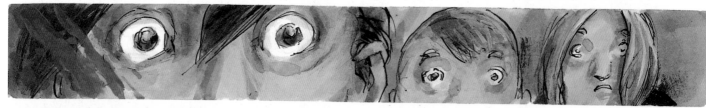

DADYYY !!!

?!

DADYYY !!

HO SHIT !!!

On se tire de là, guys ! Vite !

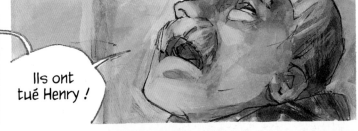

Ils ont tué Henryyy !!!..

LA SUITE ME SEMBLE ENCORE AUJOURD'HUI FLOTTER DANS UNE IRRÉALITÉ CONFUSE, VIOLENTE ET GRISE COMME LE CAUCHEMAR D'UN MALADE ...

LES COMBATS ACHARNÉS QUI VONT DURER TOUT LE RESTANT DE LA JOURNÉE PUIS DE LA NUIT.

MARK AUX PREMIÈRES LOGES LANÇANT AVEC UNE RAGE INCOMPRESSIBLE TOUT CE QUI LUI TOMBAIT SOUS LA MAIN.

MOI QUI AURAIS VOULU FAIRE COMME EUX NE SERAIT-CE QUE POUR NOYER MA CULPABILITÉ. MAIS J'EN AVAIS DÉJÀ ASSEZ FAIT COMME ÇA.

MARY NICHOLL QUI VIENT NOUS CHERCHER LE LENDEMAIN, ESCORTÉE PAR LES SOLDATS LORS D'UNE TRÊVE.

LES ADIEUX À LA FAMILLE DEVLIN, EUX PLEURANT DE NOUS VOIR PARTIR...

"... ET NOUS, BOUFFÉS PAR LES REMORDS.

LA DERNIÈRE JOURNÉE, PASSÉE ALLONGÉ SUR L'HERBE D'UN PARC VERDOYANT EN ATTENDANT LE BUS DU DÉPART. SANS MOT DIRE, JUSTE À PENSER, À ME PROMETTRE INTÉRIEUREMENT QU'UN JOUR...

"... JE TÉMOIGNERAIS POUR LES GENS DE BELFAST.

JUSTE POUR CE QU'ILS SONT OU CE QU'ILS ONT ÉTÉ, POUR CE QU'ILS VIVENT OU ONT VÉCU QUOTIDIENNEMENT.

Carnage en Irlande du Nord

L'IRLANDE DU NORD M'EST LONGTEMPS RESTÉE À L'INTÉRIEUR, COMME UNE BOULE. MAIS UNE BOULE QUI AURAIT EXPLOSÉ, QUI SE SERAIT ÉPARPILLÉE.

UN PUZZLE DIFFICILE À RECONSTRUIRE, COMME CES COUPURES DE PRESSE QUI DISENT TOUT ET SON CONTRAIRE.

AUJOURD'HUI, JE NE CHERCHE PLUS UNE ILLUSOIRE OBJECTIVITÉ.

AU CONTRAIRE, J'ÉCRIS UN BOUT DE MON PASSÉ À L'IMPARFAIT DU SUBJECTIF.

EN SOUVENIR D'UNE PROMESSE D'ENFANT, BRUTALEMENT DEVENU ADULTE.

CAR DANS LA GUERRE, LES ENFANTS N'EXISTENT PAS...

FIN 09 MARS 2008
KRIS - VINCENT BAILLY
BELFAST - BREST - CHAMBÉRY

En guise de cicatrice...

Alors ?
Il paraît que
tu vas raconter
notre histoire
en Irlande ?

— Oui, je viens même de finir
l'écriture. Mais bon, c'est une
fiction inspirée de notre aventure.
La fin est plus dramatique. J'ai
extrapolé à partir du...
— Du contrôle de l'armée anglaise,
c'est ça ? C'est gravé là, je me
rappelle de tout. Surtout quand
tu as répondu que tu t'appelais
Gérard Depardieu !
— Alors, c'est vrai ? Je l'ai vraiment
faite cette connerie ?!
— Oui. Et tu te souviens de ce qui
s'est passé le lendemain ? Je peux
même te dire que ça s'est passé
le 13 juillet 1987 !
— Alors là, tu m'impressionnes !
Vas-y raconte...

C'est par cette conversation, au mois de
février 2008, que j'ai enfin remis la main
sur mon copain d'enfance, perdu de vue
depuis le début des années 1990. Il s'appelle Nicolas Rusaouen. Comme dans le
récit que vous venez de lire, oui. Car si
cette histoire est une fiction, elle n'en
comporte pas moins une large part de
vécu. Celui de deux adolescents de
quatorze ans, partis à la découverte de la
langue anglaise dans le lieu le plus improbable du Royaume-Uni à l'époque :
l'Ulster, en proie aux « troubles » depuis
vingt ans, sa capitale Belfast pour être plus
précis. Encore aujourd'hui, nous avons peu
de réponses pour comprendre comment
nos parents ont pu nous laisser partir seuls
là-bas, à un âge et une époque où le mot
« guerre », pour deux petits Français,
n'avait d'autre réalité que le récit des
exploits glorieux de l'un ou l'autre grand-
père. Nicolas prenait des cours particuliers
d'anglais. Son professeur connaissait du
monde à Belfast, susceptible de nous
héberger. Bien sûr, les journaux
évoquaient régulièrement les bombes, les
émeutes, l'affrontement séculaire entre
« catholiques » et « protestants ». Mais
c'était sporadique. Et surtout ça ne nous
concernait pas, nous, petits Bretons. Et
puis on restait en Europe tout de même.
Dans la CEE. La guerre n'existait plus chez
nous, on l'avait suffisamment faite en un
siècle pour la rejeter définitivement. En
1987, la Yougoslavie était encore un pays
uni, et même l'URSS était un bloc indes-
tructible. Alors nous sommes partis, avec
enthousiasme et la bénédiction parentale.
Ignorance, quand tu nous tiens.

Pourtant, il ne nous a pas fallu plus de dix
minutes, ce jour d'Ulster où nous avons
posé le pied à Belfast à la descente du car,
pour comprendre que ces vacances ne
ressembleraient à rien d'autre. Que nous
en resterions, non pas traumatisés, mais
bel et bien marqués à vie.

Moi dans une famille protestante des
beaux quartiers, Nicolas en plein ghetto
catholique, nous avons pris le quotidien

des habitants de ce territoire en pleine
figure : les blindés, les patrouilles, la
haine, le chômage, la pauvreté, la peur
mais aussi la fierté, la solidarité et cette
chaleur humaine qu'on ne peut sans
doute éprouver que dans des circonstances extrêmes. Néanmoins, nous n'avons
jamais regretté d'y être allés. Pour les
jeunes Irlandais des quartiers populaires,
nous représentions l'exotisme le plus
absolu, le rêve et les fantasmes associés à
ces pays étrangers, si proches géographi-
quement mais si loin, si loin de ce qu'ils
vivaient, la plupart n'ayant jamais mis un
pied en dehors de l'Irlande, voire de Belfast. Ils nous pensaient courageux
puisque nous avions osé venir les rejoindre
dans leur merdier quotidien. Surtout,
Français, nous étions un nouveau maillon
de la longue chaîne unissant le combat des
républicains des deux côtés de la Manche.
Encore plus, Bretons, nous ajoutions au
titre de représentants officiels des « droits
de l'homme et du citoyen », celui d'une
solidarité celtique présente depuis la nuit
des temps. Nous étions un peu des héros,
ouais. Petit à petit, on y a joué, c'est vrai.
Au bout d'un moment, on y a même cru,
sans doute. Du jeu à la réalité, un enfant
fait peu de différence.

Mais quand un soldat vous vise à la tête et
que, le temps d'une fraction de seconde,
vous êtes persuadé qu'il va tirer, l'enfant
s'efface. Définitivement. Il meurt, il crève
sur place. L'enveloppe d'inconscience et de
naïveté qui l'emmitouflait chaudement
depuis sa naissance se déchire aussi sec.
Et glisse, file et coule lentement se
désagréger dans le caniveau, qui en a vu
d'autres, et l'avale sans sourciller. L'enfant
reste alors nu devant le réel. Nu devant
tout ce qu'il voit, ressent, pressent,
touche, subit, partage. Je défie quiconque
de découvrir à quatorze ans le Belfast des
années 1980 et de ne pas ressentir au plus
profond de lui-même l'injustice, la bêtise
ou la lâcheté de certains, la grandeur
simple et le courage des autres. Notre
éveil à la politique, et de manière générale à tout ce qui a fait de nous des

citoyens adultes, date de cet été-là, incontestablement. Ce fut une coupure dans notre vie, et dans tous les sens du terme : rupture, cicatrice à vif, trou noir d'une existence autrement bien insouciante.

Cette expérience, j'ai longtemps essayé de la comprendre, de l'appréhender sous tous ses aspects, du plus simple au plus complexe. Pour être moi aussi en mesure, si un tel moment devait se présenter, de combattre par tous les moyens la part sombre des hommes menant à de telles situations. Et puis, j'ai renoncé. Ce conflit, il m'a semblé que seuls les Irlandais pouvaient vraiment le comprendre, le résoudre et s'en débarrasser un jour, le jetant dans le caniveau où j'avais laissé glisser ma carapace infantile. J'ai enfoui tout ça, au plus profond. Mais pas là où il fait froid et où l'on congèle pour l'éternité les pensées inutiles ou dérangeantes. Au contraire, là où ça continue de bouillir, lave incandescente qu'un cerveau peut recracher un jour, comme un volcan faussement endormi, désireux de rappeler que la terre qui nous nourrit et nous voit grandir, c'est d'abord lui qui l'a faite.

Kris photographié par Oriane Marrec, et en page de gauche, Nicolas à l'époque, jouant au mannequin, façon *french lover*.

Un jour, j'ai décidé de raconter des histoires

Pas seulement aux parents, amis, enfants mais aussi au vaste monde qui m'accueillerait, je l'espérais, à bras ouverts. Alors, j'ai ressorti tout ça. J'ai filé un grand coup de pied dans le cul du volcan.

Je n'ai pas plus cherché à comprendre. J'ai juste voulu témoigner, raconter les enfants de Belfast qui n'existaient pas, leurs jeux de guerre avec des petits soldats qui, à défaut d'être en plomb, leur en balançaient du vrai à la gueule. Pour un drapeau hissé bien haut, pour une pierre jetée comme on se débarrasse d'une rage, parce qu'ils habitaient là et pas ailleurs, parce qu'ils étaient l'enfant d'un tel plutôt que celui d'un autre.

Jeter en vrac leur vie sur des pages qui ont autant le devoir de raconter le réel que de le sublimer ou de le fantasmer.

Comme d'habitude, je n'ai pas pris de recul. Dans un ghetto, il y a de toute façon toujours un mur quelque part pour vous empêcher d'en prendre.

— Donc, le lendemain, on était le 14 juillet 1987. Et tu sais que les républicains irlandais fêtent toujours la Révolution Française ? Eh bien, le soir même, la télé passait un film en souvenir. Le film s'appelait *Danton*, avec, dans le rôle principal...
— Gérard Depardieu...
— Eh ouais, mon pote ! On n'a vu que lui pendant deux heures, son nom apparaissait en gros titre au générique ! Ne me dis pas que tu as oublié ça ?!

On en a été malades de trouille pendant deux jours ! Persuadés au moindre blindé qui s'approchait qu'ils venaient pour t'arrêter !
— Putain, c'est dingue... Tout me revient maintenant, oui. Mais dans le livre, je n'en parle même pas ! J'imagine juste qu'un officier anglais connaît Depardieu et découvre le pot aux roses. C'est à partir de là que ça tourne mal alors qu'en réalité...
— En réalité, on a juste eu la peur de notre vie, pour nous et ceux qui nous accueillaient. On est con quand même quand on a quatorze ans...

C'est ainsi que j'ai redécouvert, vingt ans plus tard, et surtout cinq ans après avoir commencé à écrire cette histoire, d'où m'était venue cette idée d'une fin possiblement dramatique. Un instant, j'ai cru entendre ricaner le volcan...

Pour autant, on n'est pas con quand on a quatorze ans. On a juste quatorze ans. Gérard Depardieu et ce père Fouettard de sergent britannique auront sans doute été ma dernière frayeur enfantine. Voir Belfast et laisser l'enfant qui est en soi mourir...

En même temps, ils auront été sans doute ma première peur d'adulte, conscient de ses responsabilités. C'est peut-être ça, justement, « l'âge adulte ». Laisser les frayeurs de côté. Accepter la peur, s'en servir comme une leçon, apprendre surtout à la combattre, la surmonter lorsqu'il le faut, parce qu'il le faut.

Mais ne pas oublier l'indignation et la révolte, jamais. Les perpétuer, encore et encore. Pour que, partout où l'on vit, il puisse toujours y avoir des gosses. Ou au moins des gosses en devenir, des gosses à venir.

Écouter le volcan cracher ce qu'il a à dire. Ne jamais le laisser s'éteindre.

Kris, 17 mars 2008.

Le contexte historique
de *Coupures irlandaises*

L'IRA dans la rue : Soldats de l'IRA en 1987, et dans la foule de manifestants catholiques.

LES TROUBLES EN IRLANDE DU NORD DE LA FIN DES ANNÉES 1960 AUX ANNÉES 1980
Par Dominique Foulon

L'année 1968 est aussi en Irlande du Nord une année charnière

D'une part, émerge une communauté catholique bénéficiant partiellement de l'embellie économique de l'après-guerre et qui voit une partie des siens former une classe moyenne avide de reconnaissance et de réformes. D'autre part, une partie de l'*establishment* unioniste semble sur le point d'évoluer politiquement en particulier sur ses relations avec l'Eire. P. O'Neill le Premier ministre nord-irlandais qui arrive au pouvoir en 1963, symbolise ce changement. Ces deux phénomènes cristallisent une opposition conservatrice au sein des unionistes et au-delà chez les fondamentalistes religieux représentés par le pasteur Ian Paisley, un pasteur presbytérien *libre* et qui symbolise bien la tradition de l'osmose particulière du politique et du religieux dans cette contrée.

Le blocage de l'Irlande du Nord se situe au niveau social et politique. Afin de maintenir une hégémonie politique au-delà de ce que sa (faible) majorité ethnique lui permet, le pouvoir unioniste repose sur un découpage électoral inique qui pénalise les candidats nationalistes. À cela s'ajoute un mode de scrutin censitaire d'un autre âge qui oblige les électeurs qui désirent voter aux élections locales, à être propriétaire ou locataire en titre de leur logement. Ce qui, de fait, pénalise les familles modestes qui, à cause du chômage et de la pénurie de logement, vivent à plusieurs générations dans le même logis.

C'est donc sur l'exemple des droits civiques américains que se crée la NICRA (Northern Ireland Civil Rights Association) en 1967. Une jeune étudiante catholique

La situation dans les années d'avant guerre

Les Irlandais n'ont jamais accepté la conquête anglaise, et leur histoire est une longue succession de soulèvements, de rébellions, de luttes politiques.

À l'aube du XXe siècle le Home Rule, une autonomie dans le cadre du Royaume-Uni, est sur le point d'être accordé par le parlement britannique. Mais cette décision, longtemps repoussée, est combattue par les protestants unionistes. Après avoir tenté d'entraîner l'ensemble de l'île, puis de faire sécession en Ulster, ils se sont rabattus sur six des neuf comtés qui forment la Province, c'est-à-dire là où ils sont certains d'avoir une majorité politique mais aussi "ethnique" et "religieuse". Une milice armée (par l'Allemagne), l'Ulster Volunteers Force, est créée en 1912 pour s'opposer au Home Rule.

À la veille de la Grande Guerre, l'Irlande est au bord de la guerre civile. Les républicains les plus déterminés tentent d'arracher l'indépendance lors du soulèvement de Pâques 1916.

Sous la direction de l'IRA qui vient de se former, la république est proclamée. Après une semaine de combats, l'insurrection est vaincue, mais elle est le point de départ d'un vaste mouvement politique et militaire qui, de 1919 à 1921, va conduire à une indépendance partielle. (On se reportera au film *Le vent se lève* (2006) de Ken Loach, qui retrace bien les enjeux du conflit).

En juin 1921, le roi George V inaugure le parlement nord-irlandais du Stormont et par là même donne raison aux unionistes. Aucun suffrage n'a jamais validé la partition de l'île.

En 1922, au Sud, l'État libre d'Irlande est créé au prix d'une guerre civile entre nationalistes.

L'entre-deux-guerres est la période où la prospérité économique de l'Irlande du Nord s'effondre. Ses fleurons, le textile et les chantiers navals, entrent en crise.

de vingt et un ans, Bernadette Devlin, (élue député à Westminster en avril 1969) symbolise ce mouvement démocratique et cette volonté de changement.

Les premières manifestations pacifiques ont lieu à l'automne 1968. Elles suscitent la réaction violente de la police, dont le ministre de l'intérieur J. Craig est à la tête de la fronde conservatrice contre le Premier ministre O'Neill, mais aussi de la part de groupes politico-religieux proches de Ian Paisley. L'Ulster est à la croisée des chemins : ou s'ouvrir à des réformes qui, à force de s'être fait attendre, constituent pour certains un bouleversement important, ou tenter de contenir le mouvement de protestation et risquer une épreuve de force. Or le Premier ministre est aussi victime, dans son propre camp, de manœuvres pour le déstabiliser et l'amener à renoncer aux réformes ou même au pouvoir. Une véritable stratégie de tension est mise en place, avec des attentats fomentés par des groupes loyalistes clandestins dans le but d'accuser l'IRA (moribonde et quasi inexistante à cette époque), afin d'accroître la fermeté du pouvoir vis à vis du mouvement de contestation naissant.

O'Neill démissionne et le nouveau Premier ministre Chichester-Clark, qui poursuit une politique timorée, ne parvient pas à juguler les tensions accumulées et à éviter l'explosion de l'été 1969. Le 12 août à Derry, des échauffourées en marge d'une commémoration orangiste se transforment en véritable insurrection quand la police attaque le Bogside. Dans l'ensemble des six comtés, des émeutes éclatent. La situation à Belfast, où les nationalistes sont minoritaires, est critique. En Irlande du Sud (mais aussi aux États-Unis), le gouvernement et l'opinion s'émeuvent du contexte dramatique qui se développe dans le Nord. Londres envoie des troupes pour « séparer les communautés ». En fait, le premier régiment prend pied à Derry où la police, épuisée par trois jours d'émeutes, ne parvient pas à investir le Bogside et à réprimer les émeutiers. La présence des militaires anglais n'empêchera pas, à

Belfast, l'incendie de plus de cinq cents logements et la mort de neuf personnes dans un véritable pogrom anti républicain.

L'implication directe de Londres dans les affaires nord-irlandaises (en principe sous l'autorité du parlement local), non seulement mécontentera les unionistes, bien qu'il fût affirmé qu'aucun changement constitutionnel ne pourrait intervenir sans l'accord du parlement, mais, après quelques mois, décevra aussi les nationalistes qui ne verront aucune réforme de fond dans la Province. Pour certains d'entre eux, en intervenant, les Britanniques ont consolidé le pouvoir unioniste aux abois.
Si certains modérés vont continuer de promouvoir des changements dans le cadre de ce mini État nord-irlandais, d'autres, les républicains, ne verront de solution que dans l'anéantissement du parlement et de

« IRA = I Run Away » : je m'enfuis. Quelques mois plus tard, réorganisée, l'IRA défend les armes à la main le quartier de Short Strand à Belfast contre une attaque loyaliste. Elle réapparaît donc sur la scène politique et ne la quittera plus pour les trois décennies à venir.

Dès lors, les évènements prouvent que l'Irlande du Nord est irréformable, mais aussi difficilement gérable. En mars 1971, la fraction dure de l'unionisme arrive au pouvoir sous la conduite de Brian Faulkner. Parallèlement, à Londres, les travaillistes cèdent le pouvoir aux conservateurs. La méthode forte, en particulier l'internement sans procès à l'été 1971, pour anéantir l'IRA qui a repris la lutte armée, provoque un soulèvement dans toute la province. Elle conduit à un vaste mouvement de désobéissance civile au sein de la

---

L'ORDRE D'ORANGE

Cette institution, unique au monde, permet de saisir le caractère politique et culturel particulier des protestants d'Irlande du Nord.

Créé en 1795, alors que le pays était en proie à l'agitation des Irlandais Unis), l'Ordre se voulait un rempart contre le papisme et pour la défense de la foi réformée, ainsi que le symbole du loyalisme à la couronne britannique.

Organisé sur le modèle des loges maçonniques (auxquelles il emprunte un certain nombre d'attributs), il intervient tant dans le domaine de la religion que dans celui de la politique.

L'ordre d'Orange se veut l'héritier et le défenseur des libertés religieuses et politiques,

telles qu'elles furent défendues en 1690 par le prince Guillaume d'Orange à la bataille de la Boyne face à l'absolutisme catholique.

Sur le plan politique, il a toujours lié la défense de l'Ulster (c'est-à-dire les six comtés) à celle de ses institutions et au combat pour la foi. Par ricochet, il a associé le combat des nationalistes et des républicains à la défense du catholicisme. Les diverses commémorations orangistes ont souvent été à l'origine d'émeutes surtout quand elles souhaitaient, contre toute raison, passer dans des quartiers nationalistes.

Au sein de la société protestante, l'Ordre a, certes un aspect politique et culturel, mais aussi un aspect social non négligeable dans la mesure où ses membres se doivent assistance.

---

l'état colonial et œuvreront pour l'unité irlandaise des trente-deux comtés. Ce sont ces derniers qui seront à l'origine de la résurrection de la mythique IRA. Le mouvement républicain a, depuis plusieurs années, développé une approche politique qui a tourné le dos à la lutte armée. Et c'est bien ce que lui reprochent beaucoup de gens au lendemain des émeutes, où on pouvait lire sur les murs de Belfast :

communauté catholique, au-delà des options politiques qui la divisent. De plus, la torture est pratiquée systématiquement sur les prisonniers, ce qui vaudra à la Grande-Bretagne une condamnation par la Cour européenne des Droits de l'Homme à Strasbourg en janvier 1978. Côté protestant se crée l'UDA (Ulster Defense Association), qui regroupe les divers comités de vigilance. Bientôt, certains membres de cette association se livreront à l'assassinat systématique de catholiques. Le 30 janvier 1972 à Derry, lors d'une marche pacifique, l'armée britannique tire dans la foule et tue quatorze personnes. Ce dimanche sanglant (« Bloody Sunday ») est un point de non-retour. C'est l'Irlande entière qui est au bord de l'explosion, y compris dans le Sud. Même dans cette situation de chaos total, le gouvernement unioniste refuse d'accorder au gouvernement britannique le maintien de l'ordre. Celui-ci suspend le parlement nord-irlandais à partir du 30 mars et la Province est alors gouvernée directement par Londres. En dehors d'une brève période en 1974, et jusqu'en 1999, l'Irlande du Nord sera administrée ainsi. En juillet, l'IRA décrète une trêve et s'engage dans des pourparlers secrets avec le gouvernement britannique qui feront long feu. La violence reprend alors de plus belle. Entretemps, les républicains ont obtenu un statut de prisonnier politique après une longue grève de la faim.

La situation est alors bloquée, chacun des protagonistes semblant croire à une possible victoire militaire. La République du Sud est en proie à toute une série de déstabilisations (où certains reconnaissent la main des services spéciaux britanniques) qui la pousse à adopter une politique de répression à l'encontre des républicains, laquelle est dans les faits une constante depuis sa création.

Une solution politique et constitutionnelle, qui consisterait en un partage des pouvoirs de la Province entre les unionistes de Brian Faulkner et les nationalistes sociaux-démocrates, est avancée lors des accords de Sunningdale en décembre 1973. En mai de l'année suivante, une vaste grève générale sous l'égide du Conseil des Travailleurs d'Ulster, qui regroupait la majorité des unionistes et des paramilitaires loyalistes, bloqua la Province jusqu'à l'abandon du projet. Cette première et timide avancée de certains unionistes était renvoyée dans les cordes par l'intransigeance d'une majorité

protestante, opposée autant à un « partage des pouvoirs » qu'à l'évocation d'une « dimension irlandaise » du conflit, dimension induisant un droit de regard de l'Eire dans les affaires du Nord. Il apparut aussi que la passivité de l'armée britannique à l'égard des loyalistes lors de cette grève était due au projet de mettre en difficulté le gouvernement travailliste revenu au pouvoir quelques semaines auparavant.

L'interférence de problèmes politiques strictement anglais dans les affaires nord-irlandaises (et ce, depuis quasiment la conquête au XIIe siècle) a toujours été dommageable dans l'histoire de l'île, en ce sens qu'elle a exacerbé le conflit plus qu'elle ne l'a résolu. La *guerre sale* des services spéciaux britanniques (avec l'accord des politiques), en utilisant les pires méthodes héritées des guerres coloniales (Algérie, Vietnam…), n'a non seulement pas permis de vaincre l'IRA, mais a aggravé davantage le fossé entre les deux communautés.

L'utilisation de groupes paramilitaires loyalistes, la collusion avérée de ceux-ci avec certains secteurs de la police et des services secrets, renvoie aux pratiques des dictatures sud-américaines. Dans cette affaire, la Grande-Bretagne est condamnée à nouveau par la Cour européenne

des Droits de l'Homme pour « violation du droit à la vie » le 27 novembre 2007.

C'est surtout l'arrivée au pouvoir de Margaret Thatcher, en mai 1979, qui allait encore aggraver les choses. Le retour aux affaires des conservateurs, sur fond de marasme économique et de crise sociale, allait, dans les six comtés, conduire à une confrontation frontale et obstinée. La suppression de l'internement sans procès en 1976 (par les travaillistes) avait eu pour corollaire la suppression de la reconnaissance du statut « spécial » des prisonniers, c'est-à-dire du statut politique. C'est sur ce terrain que la Dame de Fer pensait annihiler la résistance républicaine, en lui refusant tout caractère politique et en tentant de la criminaliser. Un des aspects de cette « criminalisation » consistait en un uniforme carcéral que les détenus républicains refusaient de porter. Restés nus dans leur cellule, ils s'enroulèrent dans la couverture de leur literie, certains vivant ainsi presque quatre ans. Une forme de lutte unique dans l'histoire débutait. En 1978, il y avait plus de 300 hommes à la couverture (*blanket men*) dans les blocs H du camp de Long Kesh. Lassés des mauvais traitements des gardiens, ils commencèrent en 1979 une grève de l'hygiène qui consistait à refuser de sortir des cellules pour vider leur seau hygiénique.

Au-dehors, un vaste mouvement de soutien vit le jour, un soutien qui allait bien au-delà des cercles de sympathisants républicains. À l'étranger, un mouvement de soutien s'organisait et s'amplifiait quand, le 27 octobre 1980, sept prisonniers commencèrent une grève de la faim, dernière arme pour obtenir ce statut politique. Le 18 décembre, alors qu'un des grévistes était sur le point de mourir, la grève de la faim fut suspendue après avoir reçu l'assurance verbale des autorités que les principales revendications étaient accordées. Et c'est bien parce que les Britanniques revinrent sur leurs promesses qu'une autre grève de la faim, menée par Bobby Sands, débuta le 1er mars 1981. Lors d'une élection surprise, Bobby Sands fut élu député (au parlement britannique) alors qu'il entamait son 40e jour de jeûne. Margaret Thatcher resta sourde aux multiples appels provenant du monde entier et ne céda rien. Le 5 mai, Bobby Sands, *le député du peuple*, décéda au 65e jour de grève de la faim. Plus de 100 000 personnes suivirent le cortège lors de ses funérailles. Tout au long de l'été 1981, neuf autres militants républicains succombèrent dans des circonstances analogues. Lors des élections en Irlande du Sud, deux autres prisonniers de Long Kesh furent élus députés : Kieran Doherty, en grève de la faim et qui mourra le 2 août, et Paddy Agnew. Quand, en octobre, la grève fut finale-

ment abandonnée, la Grande-Bretagne n'avait certes pas cédé (bien que par la suite des concessions fussent accordées aux prisonniers), mais elle avait créé les conditions d'un renouveau militant sans précédent depuis le début des troubles. Surtout, les résultats électoraux de Bobby Sands, loin d'être un épiphénomène, furent le point de départ d'une progression électorale continue du Sinn Féin, ce qui apportait un démenti à tous ceux qui prétendaient que les « terroristes » ne bénéficiaient d'aucun soutien populaire. Dès lors, il ne faisait plus aucun doute pour les républicains que les actions militaires et électorales devaient être menées simultanément.

Cependant, et alors que côté unioniste de gigantesques manifestations en 1985 signifiaient le refus des accords d'Hillsborough (une énième tentative d'impliquer l'Eire dans la gestion des affaires nord-irlandaises, mais aussi une collaboration des deux polices), l'IRA allait bouleverser l'échiquier politique en renonçant à sa politique abstentionniste au Sud. Une politique qui était endossée par le Sinn Féin au prix d'une scission, certes minoritaire, mais significative dans les semaines suivantes.

Certes, ce changement historique ne bouleversa pas immédiatement la stratégie de

lutte armée, entendue non comme la possibilité de battre militairement l'armée britannique mais comme un moyen de peser pour obtenir des négociations en position de force. Cependant, l'intransigeance de Mrs. Thatcher ne permit pas de débloquer la situation. Alors qu'il était clair pour chacun que l'IRA ne pouvait être vaincue (comme en témoignaient plusieurs rapports des renseignements militaires depuis 1979), qu'elle possédait un arsenal impressionnant, que le mouvement républicain avait une assise populaire considérable et donc qu'il était nécessaire de chercher un moyen de démilitariser le conflit. Car même à « basse intensité », cette guerre entraînait la société nord-irlandaise dans une spirale de violence sans fin et jetait un voile noir sur tout projet d'avenir. Les méthodes employées par les Britanniques, non seulement étaient inefficaces, mais elles corrompaient la société jusque dans ses institutions en Angleterre, comme en témoignent une série de procès infâmes qui envoyèrent des Irlandais innocents en prison (procès des 6 de Birmingham, des 4 de Guildford,

En haut : affiche commémorative du Bloody Sunday.

À gauche : enterrement d'un soldat de l'IRA en 1987.
À droite : manifestation de femmes à Belfast en 1971.

de la famille Maguire — qui a inspiré le film magnifique de Jim Sheridan *Au nom du père* —, de Judith Ward et bien d'autres...). Des rapports de police indépendants pointaient l'existence d'escadrons de la mort mis en place par les services spéciaux (voir le film de Ken Loach *Hidden Agenda*) et la collusion de ceux-ci avec des groupes loyalistes qui commirent des attentats sanglants à Dublin. Récemment, un rapport de la médiatrice de la police,

Nuala O'Loan, apportait des révélations sur les protections dont bénéficiaient des informateurs loyalistes, rétribués par certains services, et par ailleurs trafiquants de drogue et braqueurs. Quant à l'assassinat des avocats Patrick Finucane et Rosemary Nelson, ou du journaliste d'investigation Martin O'Hagan, ils restent toujours impunis.

Dominique Foulon. Février 2008

Ouvrier autodidacte, passionné par l'Irlande où il a séjourné de nombreuses fois, Dominique Foulon s'est toujours plus particulièrement intéressé à la question protestante.

Il fut rédacteur dans les revues *Irlande libre* et *Solidarité Irlande* et est l'auteur de : *Pour Dieu et l'Ulster. Histoire des protestants d'Irlande du Nord*, Terre de Brume, 1997.

Il vit aujourd'hui à Lyon.

Annick Monot
Récit d'une vie française marquée par l'Irlande

Enseignante en philosophie puis psychologue clinicienne, également représentante syndicale Solidaires, Annick Monot fut surtout une militante infatigable de la cause républicaine irlandaise.

Durant l'été 1982 éclate la fameuse affaire des « Irlandais de Vincennes », où trois militants irlandais se retrouvèrent accusés à tort de l'attentat de la rue des rosiers à Paris, qui fit six morts et vingt-deux blessés.

En réalité affaire d'État franco-française sur fond de guerre des polices et de barbouzes élyséens, cet épisode enverra

Michael Plunkett, Mary Reid et Stephen King en prison durant plus de neuf mois, et plongera les comités français de soutien aux républicains irlandais dans de grandes difficultés.

Aujourd'hui Annick Monot vit près de Quimperlé dans le Finistère, avec Steve King, devenu son compagnon après sa libération.

Les trois « Irlandais de Vincennes ».
De gauche à droite : Michael Plunkett, Stephen King et Mary Reid.

À droite : Annick Monot en pleine action militante...

Quatre jeunes bretons de Brest embarquent en août 1977 de Cherbourg pour l'Irlande. Avec eux, je pars à la découverte des paysages, de la musique irlandaise, qui avait déferlé en Bretagne par Alan Stivell, et néanmoins instruite de la question irlandaise par le livre de Roger Faligot que j'ai en poche.

Ma culture est solidement anglophile grâce aux échanges organisés par le lycée, également élevée par mon père dans une culture des alliés et ayant connu de l'Angleterre la culture pop et les minijupes sur lesquelles les adolescentes se

jetaient à Londres. Néanmoins, ce qu'on appelait alors « la question nord-irlandaise » taraudait les esprits, Bernadette Devlin jeune députée de Tyrone faisant la une des journaux et les images du mouvement des droits civiques étant retransmises à la télévision.

J'ai envie d'aller à la découverte de ce pays et je pars avec l'enthousiasme d'une jeune femme de vingt-trois ans... À Dublin, en traînant sur O'Connell Street devant la grande poste, siège du soulèvement de 1916, j'apprends qu'une manifestation se prépare à Belfast en réaction à la

venue de la reine d'Angleterre qui fête son jubilé (vingt-cinq ans de règne). C'est un « gag » pour les jeunes Bretons dont je fais partie, nourris de culture républicaine et inscrits dans une idéologie d'extrême gauche. Arrivés à Belfast et tranquillement installés dans un *bed and breakfast* près de l'université de Queens, nous partons vers les quartiers de l'ouest de Belfast — Falls Road, Andersonstown, Ballymurphy — histoire de voir... On a vu... Les tanks de l'armée britannique, une population sous contrôle essayant de se débattre avec la soumission, des jeunes humiliés dans leur culture mais portant les pantalons courts et les rangers de leurs homologues londoniens.

Que comprendre à tout cela ? Les Irlandais vers lesquels se porte ma solidarité naissante m'apparaissent comme un brin ringards, parlant un anglais que j'ai du mal à comprendre. Et, pour la militante féministe que je suis, nourrie des lectures de Simone de Beauvoir et de Doris Lessing, ils semblent être la caricature du machisme, avec des femmes occupant les lavabos des pubs pour se remaquiller et pour lesquelles je suis un zombie loin de l'image de la « femme française élégante et raffinée ». De retour en France, après ce choc, tout en étudiant la philosophie, je lis, me documente et rejoins le collectif « Irlande libre » où je commence à militer.

Quelques mois plus tard, Seamus Costello, dirigeant de l'IRSP — petit parti républicain et socialiste — est assassiné à Dublin. Je participe à un premier piquet devant l'ambassade de l'Irlande du Sud à Paris, c'est le début d'une longue histoire de militance.

Isolée au nord de l'Europe, l'Irlande du Nord a besoin d'aide. En France, le premier comité de soutien, créé à la fin des années 60 par Georges Montaron de *Témoignage chrétien*, n'existe plus. Je m'engouffre dans le soutien à cette lutte qui soulève la question politique inaugurée par le marxiste James Connolly : réfléchir et construire le lien entre les revendications issues de la question nationale et la lutte pour le socialisme. À l'heure où la solidarité internationale se préoccupe davantage de l'Amérique latine rongée par les dictatures militaires, ou du mouvement Solidarnosc qui secoue le joug stalinien en Pologne, nous sommes peu à nous préoccuper de cette île isolée et dont les chaînes de télévision ne parlent qu'au gré des bombes en Grande-Bretagne et à Belfast.

Peu nombreux mais très actifs, nous organisons des réunions publiques, des soirées de soutien, une première tournée — à Lyon, Paris et en Bretagne — de deux jeunes républicains, l'un appartenant au Sinn Fein, l'autre à l'IRSP. Ils débattent devant un public parfois clairsemé mais qui va constituer peu à peu le terreau sur

lequel va essaimer le réseau des collectifs à venir. Sûrs de nous et enthousiastes, nous transformons notre feuille de chou « Irlande Libre » en publication mensuelle. Je me souviens de ces week-ends conviviaux du comité de rédaction où nous discutons du fond des articles, fabriquons la maquette, avec comme musique de fond les chants républicains et des ballades de Christy Moore. Nous parviendrons à sortir une quarantaine de numéros de notre journal.

En novembre 1980 a lieu la première grève de la faim des prisonniers républicains de Long Kesh qui débouche sur la deuxième, plus radicale et plus désespérée, dont Bobby Sands devient la figure emblématique. Le militantisme explose et, avec lui, le réseau des comités de soutien s'étend dans l'Hexagone. Il faut répondre aux coups de fil, aux courriers, veiller à tisser des liens avec les partis de la gauche institutionnelle, qui ne s'était jamais manifestée auparavant mais qui voit dans la lutte des prisonniers d'Irlande du Nord un enjeu de défense des droits de l'homme, face à l'intransigeance du gouvernement de Margaret Thatcher.

La famille de Bobby Sands est reçue par François Mitterrand, candidat à la présidentielle qui promet d'intervenir s'il est élu. Bobby Sands meurt le 5 mai 1981 et après lui, neuf autres. Dix jeunes gens que Margaret Thatcher laisse mourir et, parmi eux, un militant dont j'ai rencontré la famille à Derry, Patsy O'Hara. Je porterai son portrait durant toutes les manifestations et les piquets qui se succèdent chaque semaine devant l'ambassade de Grande-Bretagne.

En dehors de mon métier d'enseignante de philosophie, le militantisme occupe une grande partie de mon temps. Le quotidien pour moi, devient cette île toujours un peu incongrue mais qui continue à me fasciner. Il y a mon militantisme, beaucoup de politique, mais aussi, comme pour quiconque défend des causes dites « minoritaires », une dimension affective qui me nourrit et qui alimente les rencontres entre les militants les plus actifs de notre association. Le 28 août 1982, alors que je rentre de vacances avec

mon compagnon et ma fille âgée de quelques mois, j'apprends par la radio l'arrestation à Vincennes de trois républicains irlandais. Cette « affaire », qui n'a au fond rien à voir avec l'Irlande, vu les enjeux internes d'une véritable guerre des polices françaises, va nous projeter au cœur de la raison d'Etat.

Le climat s'alourdit dans les réseaux militants, les collectifs s'étiolent, le silence s'installe au niveau des partis de la gauche institutionnelle, personne ne bouge plus. Nous sommes une poignée à soutenir les trois Irlandais, à réfléchir comment faire face à ce montage d'un gouvernement qui avait pourtant toute notre sympathie. Les appels à soutien en direction des personnalités politiques sont un désastre, les militants arrêtés ne sont pas membres du parti majoritaire chez les républicains. Alors on serre les rangs et c'est à une vingtaine de militants, assumant avec difficulté une surmédiatisation dont nous n'avons pas l'habitude, que nous célébrons leur libération de prison neuf mois plus tard.

La France, qui depuis longtemps est une terre d'accueil pour les exilés irlandais, voit arriver Seamus Ruddy, militant républicain socialiste, qui avec d'autres montent un syndicat d'enseignants d'anglais parmi les Irlandais et Britanniques à Paris. Il disparaîtra quelques mois plus tard, assassiné quelque part sur notre territoire. Cet épisode bouleversera mes rapports avec l'Irlande. C'est aussi le moment où je retourne vivre en Bretagne, où ma vie va prendre un nouveau cours. Par ailleurs, la situation politique évolue en Irlande — le Sinn Féin choisit un combat politique plus institutionnel — qui amoindrit la nécessité d'un militantisme de soutien et mon intérêt pour ce qui se passe sur l'île décroît peu à peu.

Je suis par la presse, l'évolution politique du seul parti républicain irlandais encore existant, qui inaugure dans les années 90 ce qui est devenu aujourd'hui un parti constitutionnel, participant actuellement à la gestion des six comtés d'Irlande du Nord avec les loyalistes d'Ian Paisley, au risque de graver dans le marbre l'acceptation de la partition de l'île.

Sorj Chalandon en plein reportage en Irlande,
aux côtés d'un soldat britannique et, Sorj aujourd'hui.

Sorj Chalandon
« L'ami français »

*« J'ai pris ce pays en pleine gueule... »
C'est par cette phrase que tous ceux
ayant côtoyé d'assez près le quotidien
des Irlandais vivant en Ulster
commençaient également leur récit,
dès lors que je leur demandais de
me raconter leur expérience respective.*

*Ils sont journalistes, enseignants,
employés. En général plutôt intellos
mais de ceux qui transforment
cette aptitude en militantisme de terrain
plutôt que de salon. Ils ont souvent
gueulé dans le silence. L'Irlande
leur suffisait à combler cette relative
solitude au centuple. Ils ont un point
commun. Ils sont de l'Hexagone.
Pour les républicains irlandais,
ils sont les « amis français ».*

*C'est étrange comme il semble
y en avoir toujours eu.*

*Or, il est un homme qui symbolise
mieux que tout ces « amis français » :
parce qu'il fut grand reporter pendant
trente ans, couvrant principalement
les événements d'Irlande du Nord
pour le journal Libération.*

*Parce qu'à côté de la fonction, le citoyen
ne put s'empêcher de s'investir aux côtés
de la cause républicaine irlandaise.
Parce qu'au-delà du citoyen,
l'homme noua des amitiés rares, fortes
et précieuses avec les personnalités dont
il rapportait les faits, gestes et convictions
dans ses articles. Et qu'il a tout connu
avec eux : la joie, les peines, les victoires,*

*les échecs, la reconnaissance,
l'incompréhension, l'amitié, la trahison...*

*Parce que enfin, l'écrivain a réussi
à réunir tout cela de façon magistrale
dans un roman paru récemment.
Le livre a pour titre* **Mon traître.**
*Et lui, son auteur, s'appelle Sorj
Chalandon, dont la carrière de journaliste
fut notamment récompensée par le prix
Albert-Londres en 1988.*

*Si le lecteur curieux veut comprendre
comment des personnes, n'ayant a priori
aucune affinité avec un territoire,
ses habitants et leur guerre
incompréhensible peuvent être amenées
à prendre tout ça « en pleine gueule »,
il doit lire* **Mon traître.**

Kris

**Extraits d'une conversation
avec l'ami Sorj, recueillie
en urgence au téléphone,
rapidement transformé
en comptoir imaginaire
d'un pub de Belfast**

« J'ai rencontré l'Irlande en 1974.
Des amis, militants d'extrême gauche
comme moi à l'époque, étaient partis à
Belfast. Ils en revenaient avec deux choses :

une colère immense face à la situation
qui régnait là-bas. Et l'affiche de
la déclaration d'indépendance irlandaise.
Celle provisoire de Pâques 1916, signée
par une poignée de nationalistes insurgés
dont les visages encadraient l'affiche.
Le texte proclamait la république d'Irlande.
En Ulster, des hommes et des femmes
se battaient toujours pour la faire appliquer.
Je me suis dit : « Comment ça ? Ils en sont
encore là ?! ». Dans mon esprit de jeune
marxiste convaincu, cette république

de « cols ronds » que les Irlandais
revendiquaient était déjà dépassée
depuis longtemps ! Je ne comprenais pas.

« Ils me parlaient aussi de blindés, d'hélicos,
d'émeutes réprimées par les soldats anglais.
Pour moi, les Anglais c'étaient encore
les Diables rouges de la Seconde Guerre
mondiale, combattant contre le fascisme.
« Au Nord, c'est la guerre » affirmaient
finalement mes amis. Je me suis dit que
ce n'était pas possible. Alors que nous

étions surinformés sur le Vietnam, je ne me souviens pas avoir été éduqué et tenu au courant par la presse sur une telle situation en Ulster. Il pouvait donc y avoir là, à nos portes, une guerre de type quasi colonial, sans que personne ne nous en parle. J'étais déjà à *Libération* à l'époque. Il fallait que j'aille voir. Je suis parti. Et tout ça ne m'a plus quitté pendant trente ans.

« La méconnaissance générale de ce conflit vient de nous, je pense. C'était trop complexe par rapport au Vietnam, à l'apartheid en Afrique du Sud ou au conflit israëlo-palestinien. L'élément anglais n'était pas mis en avant, seulement l'aspect guerre civile ou surtout guerre de religion. Or, quand vous savez que l'appellation « protestants » recouvre en réalité, pour une bonne part, les descendants des colons installés par la couronne britannique, et que les « catholiques » sont en fait les populations originelles maintenues en état de dépendance économique et politique, tout ça vole en éclats. Il faut aller chercher les outils de compréhension dans l'Histoire. C'est un conflit, certes moderne dans son déroulement, mais ancien dans ses raisons. La mauvaise information en France venait d'une paresse intellectuelle de la presse. Ce n'est qu'avec les grèves de la faim initiées par les prisonniers de Long Kesh que les choses ont commencé à changer.

« J'avais aussi de nombreux amis en Bretagne. Il y avait toujours eu des liens par la culture et la tradition entre Bretons et Irlandais. J'aimais ça aussi. Mais la vraie raison d'y aller, c'était qu'il n'y avait pas besoin de pousser jusqu'au Vietnam pour assister à une guerre impérialiste et prolétarienne. Néanmoins, la gauche française voyait l'IRA comme une organisation fasciste, notamment parce qu'il y avait eu une scission entre les marxistes irlandais et ceux qui allaient créer l'IRA Provisoire. Un slogan anar disait d'ailleurs « IRA fasciste contre État flic ». Bref, rien à sauver là-dedans. Mais en réalité, le programme du Sinn Féin en 1976, « Irlande Nouvelle », était un programme de gauche, socialiste ! Et les unionistes étaient soutenus par le National Front, le FN anglais !

« J'ai eu beaucoup de chances en tombant tout de suite dans les « bonnes » sphères. Mes premiers contacts, qui sont rapidement devenus des amis, c'était des jeunes types comme Gerry Adams ou Martin McGuiness, qui n'étaient encore presque rien à l'époque, mais qui allaient devenir les dirigeants du mouvement républicain quand la gauche a pris le pouvoir au sein du Sinn Féin. Adams me piquait mes cravates pour aller à leur congrès ! Je me suis donc retrouvé immergé au cœur de l'appareil. Mes interviews, je les faisais avec les gens chez qui je dormais…

« Les Irlandais me le répétaient toujours : « ce n'est pas ta guerre ». Des hommes, des armes, de l'argent, ils en avaient. Je devais donc apporter autre chose. Au-dehors, ils se heurtaient à un vrai mur du silence. Mon travail de journaliste, celui des militants des comités de soutien ailleurs en Europe, avait donc son importance. Je n'ai jamais été analyste ou éditorialiste. Je réalisais des reportages. Je rendais compte de ce qui se passait. Aux autres ensuite de l'analyser. J'étais un journaliste du *regard* pas du *savoir*.

« À *Libération*, on me considérait un peu comme un dingue, un obsédé avec sa lubie irlandaise. Il faut dire que pendant dix ans, le quotidien de mes articles, c'était un tunnel de morts, de torture, de prison, de bombes, sans aucune avancée significative d'un bord ou de l'autre. Parfois, je me sentais seul, mais je n'ai jamais été découragé et *Libé* a toujours passé mes papiers. Même quand l'ambassade britannique à Paris a écrit au journal pour signaler qu'il y avait au sein de la rédaction un homme qui soutenait le terrorisme irlandais, et espérant qu'on y mette bon ordre… Je n'ai jamais soutenu la violence politique, je tentais d'expliquer pourquoi et comment on en vient à poser des bombes. Mais bien sûr, dans ces cas-là, on est vite assimilé, c'est plus commode.

« Et puis en 1985, il y a eu des premiers accords de paix et une courbe ascendante s'est enclenchée. L'IRA devenait peu à peu un interlocuteur valable. Les gens se sont dit que, peut-être, ce que je racontais était vrai. Quand le Conseil de l'Armée républicaine a annoncé que l'IRA allait déposer les armes, il l'a fait lors d'une interview exclusive accordée à *Libération*… Pas au *Times* ou à je ne sais quel autre journal de langue anglaise et tirant à des millions d'exemplaires. Non, à *Libé* ! Mine de rien, c'était aussi une belle récompense.

« De même, lorsque j'ai reçu le prix Albert-Londres en 1988. Comme je venais de couvrir le procès Klaus Barbie, on l'a parfois assimilé uniquement à ça. Mais c'était en réalité pour l'ensemble de mon travail et notamment, bien évidemment, celui autour du problème irlandais. En Irlande, ils n'avaient pas toujours idée de ce que représentait *Libération*, qui ne tirait qu'à 60 000 exemplaires, alors que les quotidiens britanniques s'écoulaient par millions. Ce prix a donc aussi été une belle récompense, en leur montrant qu'on s'intéressait vraiment à eux désormais.

« Les Français et les Irlandais, c'est d'abord un rapport absolu avec l'Histoire. Ils me parlaient sans cesse du général Humbert, chef de l'expédition française qui se porta au secours des républicains irlandais en 1798. En arrivant, je ne savais même pas qui c'était ! C'était bien sûr une escroquerie mais j'étais considéré comme l'héritier de Hoche, celui des « pétroleuses » de la Commune, etc. Par contre, côté unioniste, je disais que j'étais suisse sinon j'étais immédiatement catalogué comme « papiste » ! Les Bretons étaient encore plus aimés car, outre la proximité culturelle, ils étaient considérés également comme des opprimés par les Français, ce qui était paradoxal avec ce qui précède… *(rire)*

« Comme toi, j'ai des souvenirs de gens qui n'avaient jamais vu un étranger ! Ils voulaient tous des cartes postales de Paris, ils me chantaient « Non, rien de rien… ». Je leur amenais des choses de « l'extérieur », comme si je passais une sorte de blocus. J'ai ressenti la même chose, même si le parallèle est inimaginable, dans les camps encerclés des Palestiniens.

« Je leur donnais le sentiment d'ouvrir la fenêtre en grand et ils me disaient juste : « Merci d'être là. » Alors que je ne leur amenais que des petits riens et qu'eux me montraient toute leur dignité et leur courage. C'était bouleversant. Depuis, ils sont tous venus à Paris… »

Propos recueillis par Kris

A BREST, L'IRLANDE DU NORD N'EST PLUS UNE ENCLAVE

par Steven Le Roy

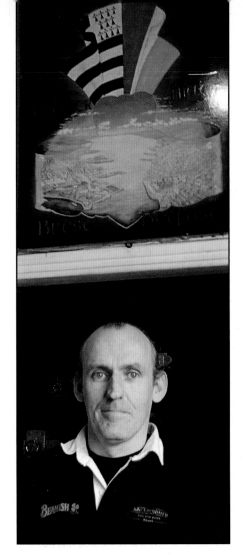

Dan « Mc Guigan », dans son pub à Brest, au-dessous d'une peinture « Brest-Belfast » spécialement composée pour lui...

Il y a un air irlandais sur Brest ce jour-là. Un air de brouillard et d'Irish Stew, un air de pinte de brune et de silhouettes fantomatiques qui se découpent sur le vert arrogant des pelouses grasses.

Il y a un air de docks irlandais sur le port de Brest ce jour-là. Là-bas se dessinent dans le lointain les imposantes grues du port de commerce et, sur le quai, la façade stylisée du MacGuigan's ne dépareille pas, loin s'en faut, dans cette atmosphère mouillée des hivers doux des franges occidentales et littorales européennes. Oui, c'est l'un de ces jours sur Brest où le voyage immobile vers la Chaussée des Géants et l'Ulster est autorisé. Est-ce pour cela qu'au milieu des années 80 une diaspora irlandaise a fait main basse sur quelques troxons bouillis et recuits qui aspiraient à une seconde jeunesse ?

Soudain, les façades vertes et la Guinness ont fait irruption au pays du rouge-limonade et du carrelage. Là, les Dubliners sont nés, dans la rue que les Brestois appellent l'« Allée verte ». Tout un symbole. Plus tard, le Tara Inn s'amarrera au port, d'autres essaimeront aux quatre coins de la ville. Brest prend l'accent irlandais, la nuit venue.

Et il y a le Mac Guigan's. Dan Mac Guigan, né Sheridan, y rayonne sans l'ombre d'une contestation. Les cheveux noués, le visage en lame de couteau, les yeux plissés et un sourire à dévorer l'Angleterre, il a acquis au fil du temps le bagout d'ici et les manières d'ici. Copain avec la moitié de la ville, celle qui le connaît, Dan a bourlingué d'un bar à l'autre avant de jeter son dévolu sur ce routier d'un autre âge, posé par hasard sur le quai. Il a dépoussiéré les murs et la clientèle, fait entrer ces dames à l'heure du déjeuner et imaginé ce qu'il appelle un « working class restaurant ». Sa philosophie est simple : « La working class a le droit de manger bien et pas cher, c'est la moindre des choses. Si on balance de la malbouffe entre midi et deux, alors on ne sert à rien. » Comme si se restaurer à la pause déjeuner était un acte militant. Comme tout le reste, bien qu'il s'en défende. À Brest, le seul pub d'Irlande du Nord s'appelle le Mac Guigan's.

Dan le revendique d'ailleurs, mais ne le porte pas en médaillon autour du cou. Les allusions iconographiques sont légion mais discrètes, aux murs du pub. Né en 1966 près de Derry, chez « les Talibans », c'est pourtant à Belfast qu'il a grandi ; dans le quartier d'Andersonstown, immédiatement raccourci en « Andytown ». Selon lui, sa jeunesse nord-irlandaise en plein cœur du conflit s'est déroulée « normalement. Y'avait pas un gamin qui ne savait pas faire un Molotov, mais pour nous, c'était normal », sourit-il à pleine bouche.

Pour le sensationnel, faudra repasser et contourner l'obstacle de cette personnalité intelligente qui raconte sans raconter. A-t-il eu peur ? « Non », se défend-t-il en préférant se souvenir d'une « enfance magnifique » passée dans un milieu modeste « où l'on ne manquait de rien ». Il ajoute, soudain sérieux : « Tu vois, je crois que je préfère ça à une éducation d'aujourd'hui, dans un milieu modeste où on se fout de tout. Nous apprenions la solidarité d'abord parce que nous étions en guerre contre un état colon, nous étions tout de suite politisés. » Au point d'acheter du café du Guatemala, « parce que eux aussi étaient en lutte ». Ainsi va la vie, celle qui le mène vite comme barman à Belfast comme nombre de catholiques, d'ailleurs. « On était soit barman, soit dans le bâtiment, soit taxi, soit chômeur longue durée. Mais dans la famille, il était hors de question d'être chômeur. Pour mon père, c'était un affront. » Des histoires d'IRA, de bagarre, Dan en a connu au pub et ailleurs. « Le gars de l'IRA c'était ton héros du coin », rigole-t-il de bon cœur. Mais il les tait. Mais il ne les fait apparaître que derrière un clin d'œil dans une fin de phrase. Il concède à peine que, forcément, à un moment où un autre, « tu deviens parano ». « Les militaires, on les voyait tous les jours. Ils sortaient les catapultes. » Pour comprendre les marques obligatoirement indélébiles que cette jeunesse a laissées dans l'esprit et l'âme

SORTIE DE CONFLIT, DES ANNÉES 1990 À NOS JOURS POURQUOI ?
par Olivier Coquelin

de Dan, sans doute faut-il oser l'interprétation de quelques anecdotes vécues sur le territoire français.

Arrivé au début des années 90 pour une « love affair » dont il a aujourd'hui trois enfants, il jure que « Brest, c'est Belfast, avec un pull en moins ». Ce serait passer un peu vite sur ce premier jour dans cet autre port militaire qu'est sa ville adoptive, où il a croisé des petits marins et vu « du kaki partout ». « La seule différence, c'est que tu sais qu'ici, ils ne vont pas te mettre tes testicules dans la bouche. N'empêche, la première fois, j'ai changé de trottoir. » Ce serait aussi oublier son débarquement à Roscoff de nuit et où, prenant la voiture de ses futurs beaux-parents, il se disait : « Ça doit barder sec ici, tous les volets sont fermés. Je ne pouvais pas imaginer que les gens voulaient simplement garder la chaleur. » Ou bien encore ce coup de poing asséné avec force à un client éméché alors qu'il était barman dans un bar hype du centre-ville : « La patronne m'a dit que ça ne se faisait pas comme ça ici... »

Pour autant, Dan s'y plaît vraiment même si, des fois, il regrette « le manque d'adrénaline ». Il jure qu'il y finira ses jours. À Brest, où dans le brouillard hivernal du port se trouve une maison d'Ulster. Elle s'appelle le Mac Guigan's, un working-class restaurant qui est tout, tout sauf une enclave.

Steven Le Roy, 17 mars 2008

Steven Le Roy a une double vie : le jour, journaliste au quotidien *Le Télégramme*, le reste du temps, bloggeur-chroniqueur d'humeurs raffinées et subjectives sous le nom de The Ultimate Ginger Ninja... Blog :

www.myspace.com/flyingsteve

Gerry Adams et Martin McGuiness à la fin des années 1980.

Les prémices d'une sortie de conflit ne se firent réellement sentir qu'à partir de 1994, lorsque l'IRA (le 31 août) et les milices protestantes (le 13 octobre) décrétèrent un cessez-le-feu. Cette trêve était la conséquence directe de plusieurs années de négociations entre les différents belligérants et notamment, de façon tacite, entre l'IRA et le gouvernement britannique du conservateur John Major.

Toutefois, et malgré le rôle crucial joué par le président américain Bill Clinton dans le processus en cours, la question épineuse du désarmement des organisations paramilitaires, condition *sine qua non* à l'ouverture de nouveaux pourparlers, devait conduire l'IRA à rallumer le feu mal éteint des hostilités ; et ce par un attentat à la bombe perpétré à Londres le 9 février 1996. Les discussions reprirent néanmoins avec les républicains du Sinn Féin un an et demi plus tard – suite au nouveau cessez-le-feu, définitif celui-là, de l'IRA –, lesquelles débouchèrent sur la signature de l'accord du Vendredi Saint, le 10 avril 1998. Outre le désarmement des groupes armés, ce traité prévoyait notamment l'instauration en Irlande en Nord de deux institutions politiques autonomes : une assemblée élue au scrutin proportionnel et un gouvernement composé de membres des principaux partis unionistes – l'Ulster Unionist Party (UUP) et le Democratic Unionist Party (DUP) – et nationalistes – le Social Democratic and Labour Party (SDLP) et le Sinn Féin – du pays Le 22 mai 1998, l'accord de Belfast était entériné par deux référendums : l'un en Irlande du Nord, l'autre en république d'Irlande. Les élections à la nouvelle assemblée qui suivirent, virent la victoire des modérés de l'UUP.

En conséquence de quoi, David Trimble, chef de l'UUP, se retrouva à la tête de l'exécutif, avec le titre de Premier ministre, tandis que Seamus Mallon du SDLP occupait la charge de vice-premier ministre. Les deux grands artisans de la pacification partielle de l'Irlande du Nord, David Trimble (UUP) et John Hume (SDLP), obtinrent conjointement le prix Nobel de la paix en octobre 1998. Mais, malgré l'enthousiasme et l'espoir nés de ce traité, l'on était encore loin d'une résolution complète de la question nord-irlandaise. Dans les deux camps, certains courants demeuraient farouchement hostiles au mouvement de conciliation en cours et le firent savoir par des actes violents. En témoigne l'attentat particulièrement funeste (29 morts, 220 blessés) du 15 août 1998 à Omagh orchestré par la Real IRA (IRA véritable), groupuscule issu de la dissidence de l'IRA et aspirant à laver cette trahison de l'idéal républicain que constituait à ses yeux l'accord de Belfast cautionné par le Sinn Féin de Gerry Adams.

Côté unioniste aussi, les oppositions ne manquèrent pas, à commencer par celle du DUP de Ian Paisley qui ne pouvait souffrir la présence au sein des institutions nouvellement établies d'un Sinn Féin complice, selon eux, du sang protestant versé au cours des trois dernières décennies. S'ensuivirent plusieurs années entachées de crises sporadiques qui eurent pour principaux corollaires la démission de David Trimble et la suspension de

LE PROTESTANTISME

Il convient de rappeler ici que le protestantisme n'est nullement une religion monolithique, au sens où il existe non pas une mais des Églises protestantes d'inspiration luthérienne ou calviniste.

Ainsi en est-il de l'Irlande, depuis les premières plantations du XVIIe siècle, avec : d'une part, une Église d'Irlande anglicane (Église établie jusqu'en 1869) à la fois réformée, de par son adhésion aux principes de la Réforme protestante, et catholique (mais en rupture avec Rome), de par son attachement à la succession apostolique ; et d'autre part, des protestants non-conformistes, de par leur refus de se conformer aux pratiques de l'Église anglicane, à l'instar de presbytériens aux ascendants issus pour beaucoup des basses-terres d'Écosse, plus anglicisées culturellement que des hautes-terres demeurées très celtiques.

l'Assemblée nord-irlandaise à quatre reprises – dont la dernière, entre le 14 octobre 2002 et le 7 mai 2007. Et pourtant, contre toute attente, la situation devait prendre une tournure favorable à un processus de paix quelque peu embourbé dans une impasse depuis 2000. Le véritable événement déclencheur fut incontestablement l'annonce officielle faite par l'IRA, le 28 juillet 2005, ordonnant la « fin de la campagne armée » et le dépôt des armes pour privilégier désormais l'action politique par « des moyens exclusivement pacifiques ».

Après maintes tergiversations, le DUP et le Sinn Féin finirent ainsi par renouer le dialogue dans le cadre du projet de traité soumis à Saint-Andrews (Écosse) aux principaux partis nord-irlandais par les gouvernements britannique et sud-irlandais, en octobre 2006. Ce nouvel accord reposait pour l'essentiel, d'une part, sur la reconnaissance du Sinn Féin par une police nord-irlandaise très majoritairement protestante et d'autre part, sur la caution du DUP apportée au principe de partage du pouvoir entre unionistes et nationalistes, incluant les républicains du Sinn Féin.

Ces deux conditions finalement remplies, plus rien ne devait dès lors faire obstacle à l'application de l'accord de Saint-Andrews. Résultat : le 26 mars 2007, le DUP et le Sinn Féin, arrivés respectivement en première et deuxième positions lors des élections à l'assemblée nord-irlandaise du 7 mars précédent, s'accordèrent pour former un gouvernement de coalition, en collaboration avec l'UUP et le SDLP ; réunie le 8 mai, l'assemblée de Belfast entérina la formation du nouvel exécutif nord-irlandais avec Ian Paisley pour Premier ministre et Martin McGuinness du Sinn Féin (et ancien dirigeant de l'IRA) pour vice-premier ministre.

Les ennemis d'hier, irréductibles et irréconciliables, se retrouvaient ainsi à présider main dans la main aux destinées de l'Irlande du Nord.

Cependant, compte tenu de la violence, de la haine, de l'intransigeance, du dogmatisme, voire du sectarisme, dont ont pu faire preuve les factions les plus radicales des deux camps antagonistes près de trois décennies durant, il est clair que pareil phénomène ne laisse pas de surprendre. Concernant les républicains il convient de préciser que jamais l'IRA et le Sinn Féin n'auront renoncé, tout au long du processus de paix des années 1990 et 2000, à atteindre leur objectif suprême d'une république irlandaise unifiée. C'est donc mû par cette même volonté d'adhérer aux réalités politiques cette fois propres à l'Irlande du Nord que le Sinn Féin apporta sa caution à l'accord du Vendredi Saint, et par là-même à une participation républicaine aux nouvelles institutions démocratiques et au principe de réunification de l'île non sans le consentement de la majorité des citoyens nord-irlandais – principe dont s'était toujours réclamé les nationalistes modérés d'un SDLP généralement plus enclin à l'empathie vis-à-vis de la communauté protestante. Quant à la branche militaire du mouvement, ce fut sa stratégie dite de la « force physique », vieille de plus de cent trente ans qu'elle abandonna progressivement au profit de méthodes plus démocratiques et pacifiques. Ainsi, dès le début des années 1990, l'IRA avait admis l'échec de la guerre d'usure qu'elle menait contre l'État britannique.

Si l'armée républicaine n'avait pu être vaincue malgré les grands moyens mis en œuvre pour ce faire, ses ennemis n'avaient pas encore plié, loin s'en faut, devant ses assauts souvent mortifères destinés à les acculer au retour en Grande-Bretagne. De sorte que le conflit pouvait se poursuivre *ad vitam aeternam* sans que jamais l'un ou l'autre des antagonistes ne prît le dessus. D'où le constat que la double stratégie « Armalite and Ballot Box » (« l'armalite et les urnes », armalite étant le nom d'un fusil automatique) se trouvait bel et bien dans une impasse nuisible. De cette impasse, il importait de sortir sans doute en privilégiant davantage les « urnes » au détriment de l'« armalite ». Cette nouvelle stratégie devait en définitive leur donner raison, puisqu'elle contribua largement à renforcer le poids politique et idéologique du Sinn Féin – devenu le principal parti nationaliste d'Irlande du Nord à partir de 2001 – et dans les négociations et dans les nouvelles institutions, avec entre autres corollaires le retrait officiel des troupes britanniques du pays, le 1er août 2007.

À cela vient s'ajouter un autre facteur important : celui fondé sur la reconnaissance de la communauté protestante en tant qu'entité humaine distincte du point de vue politique et culturel. Une « réalité protestante » jusque-là complètement ignorée par les militants républicains pour qui la résolution de la question nord-irlandaise résidait avant tout dans la rupture avec la Grande-Bretagne. Une fois les forces de Sa Majesté boutées hors du pays, les protestants de toutes obédiences, perçus comme des instruments inconscients de l'impérialisme britannique, s'intégreraient à coup sûr dans une Irlande qui ne saurait être autre qu'« une et indivisible ». Cette prise de conscience empreinte de pragmatisme amena ainsi l'IRA à conférer à la question nord-irlandaise une dimension supplémentaire, interne celle-là, qu'il fallait à tout prix prendre en considération dans la perspective d'éventuels compromis avec les Britanniques et les unionistes protestants, en guise d'étapes vers l'objectif suprême.

Chez les modérés, le facteur « empathie », à n'en pas douter, joua également un rôle considérable, à l'instar d'un David Trimble comparant l'Irlande du Nord d'avant les « Troubles » à une « maison froide pour les catholiques ». Chez les radicaux, en revanche, les racines du changement apparaissent plus complexes. Surtout en ce qui concerne le DUP de Ian Paisley, le fameux « Doctor No », intransigeant et viscéralement anticatholique, que d'aucuns voyaient, il y a dix ans encore,

« mourir en disant non ». Une question s'impose néanmoins : sachant que le DUP avait posé comme condition préalable à toute négociation en vue d'une éventuelle entente le désarmement total de l'IRA, avait-il d'autre choix, une fois sa revendication satisfaite, que de reprendre le dialogue et d'accepter le partage du pouvoir avec les nationalistes républicains, sous peine de perdre sa crédibilité notamment auprès de l'électorat unioniste et d'une communauté internationale risquant de lui imputer l'échec du processus de paix ?
Probablement pas.

Quoi qu'il en soit, malgré la paix scellée tant bien que mal dans le domaine politico-militaire, d'autres plaies restent à panser : celles des stigmates d'une société nord-irlandaise placée au cœur d'un conflit qui fit plus de 3 500 morts et plus de 47 500 blessés, pour une population de près de 1 600 000 personnes. La guérison risque de prendre du temps, de par la peur et la rancœur accumulées de chaque côté au fil des décennies, et n'arrivera à son terme, sans aucun doute, qu'à la faveur d'expériences similaires à celle entreprise, sous la forme de lotissement intercommunautaire, dans la ville d'Enniskillen (comté de Fermanagh), dès octobre 2006. Car de la réussite de ce type de « labo de paix » (Yves Cornu) naîtront à l'évidence les prémices d'une nouvelle Irlande du Nord affranchie, dans son existence quotidienne, des pesanteurs d'un long passé douloureux.

Olivier Coquelin, février 2008

Affiche électorale pour le DUP, parti du révérend Ian Paisley, datant de 2005.

Docteur en anglais (études irlandaises), Olivier Coquelin est chercheur associé au Centre de Recherche bretonne et celtique (CRBC, FRE 3055 du CNRS).

Il est l'auteur de *La Révolution conservatrice : genèse idéologique de l'Irlande politique et sociale, 1800-1923*, thèse de doctorat, Université de Rennes 2, 2004, et d'un ouvrage en collaboration à paraître : *Political Ideology in Ireland : from the Enlightenment to the present*, Cambridge, Cambridge Scholars Publishing, 2009.

Bibliographie historique

Paul BRENNAN,
The Conflict in Northern Ireland,
Paris, Longman, 1991

Olivier COQUELIN,
*La Révolution conservatrice : genèse
idéologique de l'Irlande politique et
sociale, 1800-1923*, thèse de doctorat,
Université de Rennes 2, 2004. Thèse
commercialisée par l'Atelier national
de Reproduction des Thèses (ARNT).

Olivier COQUELIN, Patrick GALLIOU
et Thierry ROBIN eds.,
*Political Ideology in Ireland: from the
Enlightenment to the present*,
Cambridge, Cambridge Scholars
Publishing, 2009

Richard DEUTSCH,
Les Républicanismes irlandais, Rennes,
Terre de Brume, 1997

Roger FALIGOT,
*La Résistance
irlandaise, 1916-2000*,
Rennes, Terre de Brume, 1999

Dominique FOULON,
*Pour Dieu et l'Ulster : histoire
des protestants d'Ulster*,
Rennes, Terre de Brume, 1997

Maurice GOLDRING,
Gens de Belfast,
Paris, L'Harmattan, 1994

Jean GUIFFAN,
La Question d'Irlande,
Complexe, Bruxelles, 2006

André GUILLAUME,
L'Irlande : une ou deux nations ?,
Paris, PUF, 1987

Wesley HUTCHINSON,
La Question irlandaise,
Paris, Ellipses, 2001

Agnès MAILLOT,
IRA : les républicains irlandais, Caen,
Presses universitaires
de Caen, 2000

Valérie PEYRONEL,
*Économie et conflit
en Irlande du Nord*,
Paris, Ellipses, 2001

Ester RESTA, *Guerre de religion
et terrorisme en Irlande du Nord :
mensonges et manipulations*,
Paris, L'Harmattan, 2002

Romans-BD :

Sorj CHALANDON,
Mon traître, Grasset, 2008

LAX, *Chiens de fusil*,
Vent d'Ouest, 1996

ANGE - GOETHALS,
Tower
(3 tomes parus),
Vent d'Ouest, 1999-2002

À noter une curiosité :

Tintin et les harpes de Greenmore,
album pirate édité sous le manteau
au début des années 1980.
Réalisé par des sympathisants
français de la cause républicaine
irlandaise au profit de leurs comités
de soutien, on y voit Tintin confronté
aux troubles en Irlande du Nord.
Quasiment introuvable aujourd'hui
bien sûr…

Filmographie

Joe COMERFORD,
High Boot Benny, 1994

Paul GREENGRASS,
Bloody Sunday, 2001

Neil JORDAN,
Michael Collins, 1996

Neil JORDAN,
The Crying Game, 1992

Ken LOACH,
Le vent se lève, 2006

Ken LOACH,
Hidden Agenda, 1990

Tony LURASCHI,
Mourir à Belfast, 1981

Pat O'CONNOR,
Cal, 1984

Jim SHERIDAN,
The Boxer, 1997

Jim SHERIDAN,
Au nom du père, 1993

Remerciements

*Les auteurs tiennent particulièrement à remercier
tous les auteurs des textes qui se sont investis sans compter
pour que ce dossier soit prêt à temps : Dominique Foulon,
Olivier Coquelin, Sorj Chalandon, Steven Le Roy et Annick Monot.*

*Et bien sûr, tous ceux sans qui cette aventure littéraire
n'aurait pas eu la même saveur : Luc Brunschwig,
Nicolas Rusaouen et sa femme Marietta, Pierre Le Goïc,
Roger Faligot, Dan « Mac Guigan », Oriane Marrec, Asap29
et J2m06 pour le sauvetage de dernière minute.*

*Toute la belle équipe de Futuropolis bien évidemment,
Robin, Barbara et tous ceux du Dub', tous les autres
qu'on oublie ou qu'on embrassera en direct.*

Salut à vous et salut à toi, peuple irlandais…

Dossier supervisé par Kris et Sébastien Gnaedig.